U0063662

二千年間

胡　繩——著

商務印書館

二千年間

作　　　者：　胡　繩

責任編輯：　黃振威

裝幀設計：　麥梓淇

出　　　版：　商務印書館（香港）有限公司

　　　　　　香港筲箕灣耀興道 3 號東滙廣場 8 樓

　　　　　　http://www.commercialpress.com.hk

發　　　行：　香港聯合書刊物流有限公司

　　　　　　香港新界荃灣德士古道 220-248 號荃灣工業中心 16 樓

印　　　刷：　中華商務彩色印刷有限公司

　　　　　　香港新界大埔汀麗路 36 號中華商務印刷大廈

版　　　次：　2022 年 6 月第 1 版第 1 次印刷

　　　　　　© 2022 商務印書館（香港）有限公司

　　　　　　ISBN 978 962 07 4641 3

　　　　　　Printed in Hong Kong

目錄

學術大師的流芳餘澤
——寫在《常新文叢》出版之際

　　學術的討論和研究，既有破舊立新，又有推陳出新，亦有歷久常新。在這當中，有些名著，經得起時間的考驗，成為了可超而不可越的地標，值得時時重溫，常常披閱；每讀一次，除對相關課題有進一步認識外，更能有所啟發，引導新研究，創造新見解。

　　有見及此，本館特創設《常新文叢》書系，取「常讀常新」之義，精選過往的重要著作，配以當代專家學者所撰寫的導言，期望從各方面呈現上世紀中外傑出學人豐碩的研究成果，讓廣大讀者親炙大師之教，既能近觀，亦能直視。

　　是為序。

讀《二千年間》

吳晗

在溽暑中讀《二千年間》（蒲韌[1]著），對於我是一帖清涼散。

恰恰在戰爭爆發前一年和亡友張蔭麟先生計劃寫三本書，討論了多少次，也徵求了許多朋友的意見。擬好了每本書的內容和目錄，並且也寫好了大部分的草稿。戰事一起，蔭麟倉卒南下，稍後幾天，我也由安南入滇，全部稿件都隨北平淪陷了。

到昆明後，搜輯已發表在報章雜誌上的論文十多篇，僱人抄錄。次年春蔭麟從廣東來，把這部分稿子整理出版，標為《中國史綱》。打算有一天能重回北平清華園，再發憤共同完成過去的計劃，不料蔭麟又病歿遵義！接着幾年來的不安定和意外的變化，這類太高太美的理想，連做夢都不敢想到。其實，就是大膽夢想一下，即使寫成了，還不是替禁毀書添一新名目，多替出

1　編者按，即胡繩。

版人找麻煩！何況，壓根兒也不會有這樣不識時務的出版家膽敢接受！在一個甚麼都是國定的國家。

一個美麗的夢，十年戰爭把它毀滅了。

夢中的第二本書就是蒲韌先生這本《二千年間》。

十年前，我們在想，為甚麼這個歷史古國，有過司馬遷、班固，有過司馬光、李燾、李心傳，有過劉子玄、鄭漁仲、章實齋的國度，有過幾百千種史學名著，使後人享用不盡的國度，今天的青年人，會對過去的歷史如此無知、淡漠？

理由是很多的，其中之一是學校所用的歷史教科書應負大部分責任。

我和蔭麟都是吃過教科書的苦頭的。

先進小學，小學歷史教本從神農、黃帝、三代一直下來到宋、元、明、清，一筆流水賬，滿紙人名、地名、年代和戰爭。五千年的史實縮在一冊或兩冊小書裏，一面凹凸不平的小鏡子裏。

一個七八歲到十一二歲的孩子，即使他稟賦特強，胃口好，也無論如何消化不了這一套無血肉無靈魂的骷髏。

中學了，十三四歲到二十歲左右的青年，能力大一

點了，給他一面中號的鏡子，依然是壞鏡子，全走脫了相貌。還是那一套，還是從五千年前說起，一朝代以後又一朝代，還是更多的人名、地名、年代和戰爭。份量多一些，武則天、楊貴妃及五胡十六國、五代十國之類全上了舞台，當然也會有楊國忠、嚴嵩、和珅一類人物。

更細的流水賬，更壞的鏡子。

到大學了，二十多歲越發吃得消，厚厚的幾大本，依然是這一套，更大的一個分光鏡。除了歷史大事以外，還加進了這時代的文化思想咧，更新的還有社會經濟咧，疆域表、職官表咧，之類之類。只是，一代一代都是橫切面，都是一橛一橛，正如一棵樹被硬截斷了，再也接不上氣，通史其名，不通史其實。

血多了，肉也有，可惜是行屍走肉，沒有靈魂。

當然，也不能一筆抹煞，有本把是有一個所謂靈魂在的[2]，一個戈培爾式的陰靈！

小鏡子之後是中號，再是大號，簡筆流水賬之後是細筆，是工筆。

青年人的腦子被擠疲了，背脊也倒了，對所謂本國

2　編者按，原文如此。

歷史產生了本能的反對感，由畏懼而厭惡而麻痹，完全不感興趣。

硬要使孩子、使青年讀一本不可讀的書，記憶一大串甚至成倉成庫的名詞，這是虐待，這是苦刑。

如此，又何怪乎青年人對本國歷史無知、淡漠？

對症的辦法是適合讀者的年齡和興趣，寫三套內容不同，而又可以互相配合的、可讀的補充歷史讀物。

如此，則第一免得浪費讀者的精力，讀十幾年歷史還是那一套老調。第二方面多一些，不必在某一套說盡了一切，而又說不到家。第三有一個中心的看法，像一根繩子可以串攏散錢，使讀者可以充分明白歷史內容，同時也了解歷史的發展法則。

開頭的一套以人為主，故事式的寫法，選擇每一時代的代表性的人物，例如孔子、秦始皇、唐玄奘、孫中山等人物，附帶的烘托這時代的大事。

第二套是縱剖面的，以事為主，大者如政權，如軍隊，如教育，如人民生活，小者如衣食住行，要原原本本具體說出了每一所涉及的事物的衍變、發展，是人的生活的歷史、進步的歷史。

第三套是橫剖面的，以時為主。從橫的方面去看這

一時代，去看這一時代的各方面。該注意的是，這橫剖面並不依據舊的王朝起訖來劃分，而是依據歷史發展的具體階段。例如鴉片戰爭是一個歷史計程碑，秦始皇推翻世卿政權，建立封建專制政權又是一個明顯的界石。計程碑不是孤立的，後面有路，前面還有更長的路。

第三套只印出了第一冊。一二兩套原稿淪陷了。

十年前的理想，十年後在昆明讀到了翦伯贊先生的《中國史綱》第一冊，不但完全符合我們第三套的要求，而且更向前進了一步。也讀到了許立群先生的《中國史話》，近似我們的第一套。最近讀到了《二千年間》，完完全全是我們所設想的第二套，而且，這十年戰爭的一方面，摧毀了我們的計劃，另一方面卻使蒲韌先生綜結了經驗，向前邁進了一大段，比我們十年前的夢想更成熟、更精煉、更有積極的意義。

這本書分為九章，每章分四至五節。

第一章「二千年的鳥瞰」，是總論。第二章「在萬人之上的人」，說政權，從皇帝、皇室到外戚、宦官。第三章「一種特殊職業 —— 做官」，暢論兩千年來官僚政治、封建專制政權的兩個輪子之一。第四章是另一個輪子，武力，標題為「又一種特殊職業 —— 當兵」。第五

章「一切寄託在土地上」，誰養皇室、養官僚、養軍隊呢？是農民，又出穀，又出錢，又出力。可是報答呢？是千災百難。忍受是有限度的，到了飽和點，便爆發了農民戰爭，第六章的標題是「大地的撼動」。第七章「不安靜的北方邊塞」，指出了歷史上的對外戰爭，有的是侵略的，更多的是被侵略，不論前者後者，受苦難的總是人民。當被侵略的時代，「當胡騎踏進中原的時候」，第八章的內容是「兒皇帝和貳臣」，是「南渡君臣輕社稷」，是「不死的人民力量」。兒皇帝出賣了民族，人民解放了自己。

最後一章是「逃不了的滅亡命運」，封建專制主義統治內部所包含和外面所遭遇的各方面的困難和危機，內在的矛盾發展，決定了滅亡的命運，「歷史又一度證明了統治者無論用怎樣頑強的努力來守舊不變，但客觀的形勢，人民的力量終究會變掉了它」。

最後的一節是「歷史不會回頭」：「歷史的車頭轟轟隆隆地前進，把舊的時代撇在後面，產生了新的事物，出現了新的情勢，提出了新的問題，向着民主化、現代化的前途猛進，這是誰也違拗不了的前進的主潮。一切眼光向後看，留戀舊的時代，走着倒退的路的力量，都

不能不被輾碎在歷史的車輪下面。」

這是一本有血有肉有靈魂、活生生的書。

這本書在開宗明義第一章就指出了是關於中國封建專制主義時代的歷史的一本書。作者集中全力闡明這主題，分析封建專制主義的統治權力及機構，這種權力所憑藉的經濟基礎 —— 農村，和農村中常常發生的叛亂和騷動，以及異族入犯和侵佔的現象。

時代是從秦到清末的兩千一百年。歷史上封建專制主義的時代。

這本書沒有足夠的篇幅可以談關於文化、思想上的問題，關於工業的發展也沒有專門談到。

沒有求全，因為像過去那種包羅萬象的書本只是一間雜貨鋪。

沒有往上滾雪球，雖然愈往上可寫的就愈多。也沒有往下拉，因為下一時代，我們這一時代是半封建半殖民地的時代。過去的統治者是單純的道地的地主，而今天，不止是地主，還有地主鍍金的買辦和純粹來路貨的外國大亨。地主、買辦，同時又是官僚，加上外來的統治力，造成今日中國的新災難，這和過去兩千年間是有其截然不同的意義的。

也沒有瑣碎的考證，因為這本書是敍述的書，是採取已定的論證而綜合敍述的書。正如蜜蜂釀蜜，是經過消化的，融會貫通，所以可讀，也所以不可不讀。

從「無」的方面說，除偶一引用的例證以外，這本書幾乎做到了和舊式的教本恰好相反的一個地步，第一人名極少，第二地名極少，第三年號等專名更少。因為本書的主體是二千年來的人民，二千年來統治人民的政權，二千年來人民所受的苦難，是從人民的立場來了解歷史，而不是從少數統治者的事跡來曲解歷史的。

從「有」的方面來說，作者的敍述是主體的，不是平面的。例如他着重指出二千多年中，雖然一直維持着專制政體，不過在各個朝代，君主專制的程度是有強弱的。由弱趨強的過程，是官僚和軍隊兩個系統的形成和加強。其次作者引用宋神宗和文彥博的問答，文彥博提醒他的主子，是和士大夫共治天下，而不是和老百姓一起治天下。士大夫是靠剝削老百姓生活的，兩個敵對的階層，而皇帝本身又是大地主，是士大夫集團利益的代表人，由此可以明白封建專制主義的經濟基礎，可以明白兩千年間多少次和人民有點點利益的新政，為甚麼不能推行的原因，可以明白為甚麼農民變亂無代無之的原

由，也可以明白貪污政治的根源。

地主勢力統治全國，其具體的表現，就是皇帝個人的專制獨裁。那麼，今天呢？

作者也指出了沒有一個朝代不勸忠教孝，愈是滿嘴仁義的大地主代表，如隋煬帝是殺父的兇手，卻建立了「孝為天經」的天經宮；有名的仁君唐太宗，不但逼父，而且殺兄殺弟亂倫。除開這些偽君子以外，兩千年來的皇帝大半是在精神上不健全、在智力上低能的人。兩千年來的人民，就被這樣的人 —— 倫理道德墮落到極點的模範 —— 所統治！

在論官僚政治的時候，作者也清楚地指出秦之統一，是官僚政治的始露頭角，代替了分權的世卿政治。不過要一直到唐代，官僚政治才達到成熟的階段。可是官僚雖然大部出身於布衣，卻並不代表最下層的勞動人民，而且，平民一入仕途，就立刻變質，成為地主，成為官僚了。和「平民政治」、「民主政治」完完全全不相干，勉強的說也只能說是「官主政治」！

軍隊和官僚，兩支封建專制主義的支柱，君權由上面擴張加強，皇朝憑之而建立、持續。同樣，軍隊和官僚的膨脹也招致了君權的衰弱、皇朝的崩潰、矛盾的發

展，構成了過去的歷史。

這樣一種看法，是別的先出的書本所無的。而在這本書中卻以一貫的看法來剝膚理肌，清洗出被塗抹被歪曲的歷史真相。

讀了這本書，雖然它盡情暴露了歷史上的黑暗面，卻不會使人悲觀。固然它並沒鼓勵人盲目樂觀。它指出從世卿政治到官僚政治，從歷史的觀點說是前進了一步。從職業軍隊到人民的軍隊又大大邁進了一步。這種種進步顯示了我們的歷史並非春水，在新的經濟基礎的社會變革中，大地的撼動是會改變歷史、會創造歷史的。

作者從歷史的研究對民族前途具有信心。

讀者從這本書的體會，也加強了前進的信心。

這本書把現實和歷史聯繫，從歷史來說明現實，也從現實去明白歷史。

一本活的史書，經過精密的消毒手術，健全而進步的史書。

在溽暑中，我願意揮汗向讀者介紹、推薦這一本可讀的書。

一九四六年八月十二日

前　言

　　《二千年間》這本書是在 1944—1945 年間陸續寫成的。當時我在重慶的《新華日報》的編輯部工作，我在工作之餘用大部分精力學習中國歷史。《新華日報》是中國共產黨在國民黨地區公開出版的唯一的一張報紙。設在重慶郊外的化龍橋的報社周圍經常有國民黨的特務駐守，報館工作人員進城出城常有特務追隨，所以可以說是在緊張的狀態中。但這並不能使我們停止工作和學習。只是在那種條件下我不可能得到任何想讀的書。我儘量利用當時能找到的各種不同觀點的著作，並且做了很多筆記。《二千年間》的各篇文章就是整理這些筆記而寫成的。

　　在抗日戰爭結束前二三年間，葉聖陶先生在成都主持由上海移來的開明書店的編輯部，並且主編早在 30 年代初已在上海創刊、在教育界和學生中素負盛譽的

《中學生》雜誌。我在抗日戰爭前已認識聖陶先生，他是我所尊敬的前輩。抗日戰爭爆發後他到了大後方，但不在重慶。在他有事到重慶時我也曾拜見過他。在我寫出這些有關中國古代歷史的文章後，寄給在成都的聖陶先生，他很高興地把這些文章發表在《中學生》上。大約每一個月我就寄一篇給他。在聖陶先生逝世後出版的《葉聖陶集》的第 20 卷中提到這些文章。那一卷收錄了聖陶先生在 1944—1945 年的日記，其中有他陸續收到這些文章的記載。

在這些文章刊載完畢以後不久，抗日戰爭勝利結束。回到上海復業的開明書店願意出版我這本書。當我把這些文章編輯成書的時候，就給了它《二千年間》這個書名。由於在當時情況下我在《新華日報》用的名字出現在《中學生》雜誌上是不適宜的，所以改用了「蒲韌」這個筆名。在上海出書時也用這個筆名。

我的這些文章本來是自己學習歷史的筆記，並沒有想藉此對現實有所諷喻，但寫文章的時候是在抗日戰爭已經進行了六七年，而國內政治仍然使人焦慮，由這些客觀形勢引起的感觸不可能不流露到筆端上來。中國的歷史上經常有塞外的少數民族進入中原建立政權的事。

這些歷史舊事和當時的日本軍國主義侵略的性質和歷史意義完全不同。但就歷史上胡騎踏進中原引起的種種反響來說，也確有和現實某些相似的地方。寫這些文章時對相同相似之處不免注意較多，而且因為是講過去的歷史，對於當前的帝國主義侵略與前代事情相異，當然就不可能說到了。在 1946 年開明書店編輯部的先生們處理這本書稿時，把書中有幾處說到當前正是抗日戰爭的話改成了已在抗日戰爭後的語氣，現在我又改回去了。這畢竟是留着抗日戰爭時期的印痕的書。

也許因為這本書的寫作體例可說是別創一格，所以它在抗日戰爭結束後的年代裏出版還頗受到讀書界的注意。記得在 1946 年吳晗同志從大後方到北京路過上海時，曾寫了一篇篇幅比較長的文章評論和介紹這本書，發表在上海《文匯報》上。但可惜現在我已經找不到這篇文章了。

這本書出版後三年多全國解放了。在中華人民共和國建立的最初兩三年間，因為學校裏沒有適當的歷史教科書，有些地方的中學曾用《二千年間》這本書當做新的教本代替以前暫用的教科書。顯然這本書是不適合於這個用途的。我想那時曾用過這本書的老師們是很吃力

的。以後雖然有的出版社建議把這本書作為普通讀物出版，但沒有得到作者本人同意，也就沒有再出版過。在《胡繩全書》重印以前唯一的例外是 1994 年上海書店刊印的《民國叢書》。這套叢書編輯的用意，是把被認為還值得保留的民國時代出版的書重印若干，以免流失。我的三本書被收入在內，《二千年間》就是三本書中的一本。

（按：本文節選自胡繩先生在 1996 年為《胡繩全書》第五卷所寫的引言。）

二千年的鳥瞰

一、縱剖面和橫剖面

這本書的名稱已經說明了它的性質：這是關於中國封建專制主義時代的歷史的一本書。這個時代所佔的時間有二千一百多年之久。

中國是一個歷史悠久的國家，從紀元前 1600 年左右起，即已開始有文字的歷史紀錄。假如根據自古相傳的傳說和近代考古學家的地下發掘物來研究，那麼還可以把中國歷史至少更推前一千年。在這全部五千年的歷史中間，就我們現在的需要而言，較近的二千年是更重要的，因為封建專制主義時代雖然也已經過去了，但是在這二千年間積累下來了許多歷史遺產，對於我們現在的人的生活也還發生很大的影響。所以在這本小書裏面，專門拿這二千年的歷史作為討論的對象。

一般的歷史書的寫法都是根據時間的進行而寫下去的。從前有所謂「編年史」的，是一年接一年地記載每年發生的大事。這種笨拙的寫法，已為現在歷史學所排斥。現在我們所讀到的歷史書不是一年接一年地寫，而多半是 一個朝代接一個朝代寫的。譬如唐代的事寫完了接寫宋代的事，再接着寫元代的事。或者不按朝代分

期，而用別的標準來分成若干階段，一個階段接一個階段地寫。為了了解整個時代發展的過程，這種寫法自然是好的。但在這一本書裏將試用另一種寫法。讓我們把這二千年當作一個整體，從這裏找出若干值得注意的問題，一個個問題地來談。

這二千多年的歷史中包含了很多很大的變動，每一個朝代的情形和前一個朝代的情形自然並不是完全一樣的，所以我們可以拿來分成若干階段，研究每一個階段的政治、經濟、文化思想上的特色。但是因為這二千年，在基本的社會經濟性質和政治形態上，都屬於封建專制主義時代，所以雖可以劃分成若干階段，但在各個階段間仍是有着在基本上的共通性的。因此，我們既可以把這二千年的歷史從橫剖面上看，也可以從縱剖面來看。這本書就是從縱剖面來看這二千年的歷史。兩種看法都能幫助我們了解歷史，假如看慣了橫剖面的，再來看看這些縱剖面，或者可以對這二千年來的歷史上的許多問題看得更清楚一點。

從縱剖面上看，我們可以從這二千年的歷史中找出很多的問題。這本小書只是討論到幾個比較重要也比較有趣味的問題。也還有些重要的問題，在這裏放過沒

有談到的，譬如關於文化思想上的問題就完全沒有接觸到，關於工商業的發展也沒有專門談到。我們只希望，這一些並不完全的縱剖面的鳥瞰圖能夠幫助讀者們把過去已有的比較零碎的知識作一次有系統的整理，或者更引起進一步研討的興趣。

二、時間之流

時間是歷史上的重要因素。假如我們只知道歷史上發生過些甚麼事，有過些甚麼人物，做過些甚麼事情，但對於其存在和發生的時間茫無所知，那是不行的。但是老實說，我們的時間觀念往往是很模糊的，譬如常聽見有人說，「中國已有了幾千年的歷史」，或者說，「中國專制政治已經有了四五千年」；他竟說不出中國究竟有了幾千年歷史，而以為在四五千年前已有專制政治，那更是荒謬。

向來中國歷史上是以帝王的年號來紀年的，這是使人們對於歷史上的時間觀念不易弄清楚的原因之一。譬如我們縱能記得鴉片戰爭發生在清朝的道光二十年，仍不易推知這是去今一百年前的事。至於更古代的歷史，只從帝王年號紀元上看，更難分別時間的先後遲早。最

好的辦法還是改用西曆紀元。現在的書報上常可見到「16 世紀中的交通情形」，「17 世紀的中國思想界情形」等說法，就是因為這樣說，可以把時間觀念弄清楚。

這裏我們先來根據西曆紀元，把我們對於中國歷史上的時間觀念整理一下。

前面已經說道，中國有文字可憑的歷史始於紀元前 1600 年左右。從前 1600 左右到前 1100 年左右就是所謂「殷代」。現在的歷史家多半都承認殷代是中國開始有國家組織的時期。不過這時的國家組織和秦漢以後完全不同。殷代在社會性質上還是奴隸社會時代。

紀元前 1100 年左右到前 770 年是西周，有些歷史學家認為西周還是奴隸社會，但也有人認為封建時期已從此開始。不過西周的社會政治情況，和秦漢以後，無論如何，總還是有很大的區別。

紀元前 770 年，周朝的首都遷到洛邑，所以以後即稱為東周。留傳至今的一本最古的歷史書《春秋》，按年記載着從前 722 年到前 481 年的事，後人即稱這二百四十年為春秋時期，也有把這時期延長到前 453 年的。春秋以後是戰國時期。（前人多以戰國始於前 403 年，於是春秋與戰國之間就有數十年的間隙了。）有些

歷史學家認為春秋、戰國時期是從奴隸社會漸漸轉入封建社會的一段時期。至於封建專制主義，在戰國時期已經漸露端緒；到了紀元前 221 年，即秦始皇統一中國的那時候，於是戰國時期便告結束，而進入了本書中所討論的二千年間的範圍了。

從紀元前 221 年到清朝末年（清朝亡於 1911 年 [1]）這二千一百餘年間，朝代變換紛紜。我們試製下面這一個表，來幫助我們對於時間過程獲得一個概括的印象。──在這表裏，把介於西漢、東漢之間的王莽稱帝時期（他的國號稱「新」），和唐宋之間的五代時期當做我們來記憶歷史年代的兩個指標。因為前者正是在西元初年，後者則正佔了第十世紀的上半世紀，去今恰恰一千。這兩個時期極易記得，所以用來做指標。以這兩個指標為根據，我們可以看出，在五代十國以後的一千年間大致是由宋、明、清三代各佔三百年，而宋明之間的元代佔一百年。從新到五代之間的九百年是東漢、魏晉、南北朝、隋各佔二百年，再加上唐代三百年。新以前是西漢二百年和統一的秦代十五年，再以前就是

1　編者按，應是 1912 年。

春秋、戰國各約佔三百年。把這一個「時間表」記在心頭，對於我們認識中國史是有必要的。至於表中所列各朝代的起訖年代，是根據慣例記下的，並不值得都記住。

表中又有「大事記」一項，自然是極不完備的，只包含本書中以後將要談到的一些最主要的大事。

朝代	約佔年數	世紀（約計）	實際年代	大事記
東周（春秋）	300 年	前 8—前 5 世紀	前 770—前 480 年	
戰國·秦	300 年	前 5—前 3 世紀	前 480—前 207 年	秦統一，前 221 年陳勝、吳廣起義，前 209 年
西漢	200 年	前 3—前 1 世紀	前 206—8 年	漢武帝，前 140—前 87 年
新	20 年	1 世紀初年	9—23 年	
東漢	200 年	1—3 世紀	23—219 年	黨錮之禍，始於 166 年黃巾造反，始於 184 年
魏晉	200 年	3—5 世紀	220—420 年	五胡之亂，始於 304 年晉東遷，317 年
南北朝·隋	200 年	5—7 世紀	420—618 年	隋統一南北，583 年
唐	300 年	7—10 世紀	618—907 年	安史之亂，始於 755 年黃巢造反，始於 874 年

朝代	約佔年數	世紀（約計）	實際年代	大事記
五代	50 年	10 世紀上半葉	907—960 年	割燕雲十六州於契丹，936 年
宋	300 年	10 世紀中葉—13 世紀中葉	969—1276 年	王安石當政，1069—1076 年 宋南遷，1127 年
元	100 年	13 世紀中葉—14 世紀中葉	1276—1368 年	各地民眾起義造反，大規模始於1351 年
明	300 年	14 世紀中葉—17 世紀中葉	1368—1644 年	李自成等造反，1628 年
清	300 年	17 世紀中葉—20 世紀初	1644—1911[2] 年	鴉片戰爭，1840 年 太平天國，1851—1864 年 戊戌政變，1898 年

三、速寫一個輪廓

我們說這二千年間是封建專制主義時代，並不是說，這二千年間的中國一直不斷地保持着統一大帝國的規模。固然在秦漢極盛時，所轄疆域已和現在的相距不遠，但是在這二千年間由一個統一的政權統治着這全部國土的時期並不很多。往往是一部分國土為外族侵略者所佔領，或者是地方勢力膨脹，中央統治虛有其表，

2　編者按，應是 1912 年。

或者是幾個政權對立形成國土分裂的形勢。但這些情形都不足以妨礙這時期的社會政治的性質是封建專制主義的。假如我們以為自秦以後，自始至終都是統一的大帝國，其間一個個朝代相繼嬗遞，縱有分裂和紛亂的時期，也只是偶然的、一時的、不重要的現象——這種想法，只要和實際史實一對證，就知道是完全錯誤的了。

前節所列的表中，各朝代起訖年代，我們已申明，只是根據傳統慣例而說的。事實上朝代的興亡之際總是要個相當時期的混亂不安的。就拿秦漢兩代交替的時期來看，秦始皇的統一大帝國實際上只維持到他死的時候，一共十二年（紀元前221—前210年）；人民的起義，被滅亡的六國貴族的蜂起，最後發展為項羽、劉邦兩大勢力之爭，經過八年的兵戈擾攘，到了前201年，劉邦才成為統一的漢朝皇帝。

漢王朝從外表看去是維持統一最長久的一個朝代，以東西漢合計，共有四百年。但是名義上的統一有時並不和實質相符。西漢初的五六十年間，各地方仍有實際上獨立的王國，所以紀元前154年還有「七國的叛亂」。漢武帝時（紀元前140—前87年）總算是開始了真正統一的漢帝國。王莽篡奪了西漢政權，但無法維持已趨頹

勢的統一局面。又經過十多年的內戰，才由劉秀（東漢光武帝）再建統一的漢王朝。東漢名義上繼存到 220 年（紀元後），但黃巾的人民起義和地方軍閥的割據擅權，使得東漢的最後三四十年，已不能稱為統一帝國了。所以這四百年中，真正保持着統一的時期其實不超過三百年。

漢以後是三國。舊歷史家曾有「正統」的論爭，有以三國中的魏為正統的，也有以蜀為正統的。這其實是毫無意義的論爭，我們還是老實承認這是三國分裂的時期。280 年，晉滅吳國，總算結束了繼續將近一百年的東漢末與三國的混亂。但晉在名義上統一全土，只有二十多年。既因統治者間的內戰，又因北方異族（所謂「五胡」）的入侵，中國國土上又開始了複雜的分裂。304 年匈奴族的劉淵自立為漢王，先後攻陷晉的首都洛陽和長安，終於把晉政權逼得逃到長江流域去立國。廣大的北方土地上形成了「五胡十六國」的局面。其實還不止十六國，許多小國此伏彼起，互相併吞，爭戰不已，直到 440 年，才由鮮卑族的拓跋氏統一了北方，就是歷史上稱為北魏或後魏的。這時在南方已換成宋（420年）。以後北方的魏又分裂為東魏、西魏，再嬗遞為北

齊和北周。在淮水以南的南方，宋、齊、梁、陳四朝相繼，保持着名義上的統一。等到隋朝以北方為根據地，統一了南北，再建大帝國時，已在第 6 世紀的晚年。從漢朝開始瓦解時算起，到了這時，相距已經有四百年。這四百年（就是三國、兩晉、南北朝，或簡稱魏晉和南北朝）整個看起來，可說是一個大分裂的時期。這樣長期的分裂戰亂的局面所起的作用，倒不只是破壞。這可說是一次艱難的陣痛，由此結束了秦漢的古代封建專制主義文化，萌生了中古最燦爛的唐代文化。

　　隋對於唐的關係類似於秦對漢的關係。隋唐之際也有十多年的農民叛亂「羣雄紛起」的時期。唐開國後第十年才「削平羣雄」，建立統一大帝國，使社會在比較安定的情形下過了一百三十年。這也就是唐代的黃金時期。但到了「安史之亂」以後的一百五十年中，唐朝的統一又已徒有其表。它所實際統治的區域只在黃河以南，黃河以北都在「藩鎮」割據之下，每一藩鎮儼然是一小王國，也互相征伐併吞，這就下啟了分裂的「五代十國」的局面。（五代因為是定都汴洛，佔領中原區域，相繼代興，所以舊歷史家認它們是「正統」，但實際上，當時還有十個以上的國家和它們並峙。）

五代時的後晉石敬瑭，引進了契丹兵，把山西、河北的北部地方都獻給了契丹人的遼帝國。從此以後，直到元朝崩潰時，一共四百多年，東北和華北的主要區域始終是淪陷在異族統治下。宋朝繼五代而興，在開國後的第二十年（980年）統一南北，雖然內部專制統制比前代加強，但是對於外來的異族侵略卻無力應付，終於被逼得退卻到長江流域，整個北中國都為女真族的金帝國所統治。——在南宋的一百五十年間，恢復了過去南北朝的形勢。但這回結束南北對立卻是蒙古人的鐵騎席捲而來，於是中國國土第一次全部為一個異族侵略者所統治。

　　蒙古人的元朝只佔了一百年，它的統治十分慘酷，而中國人民的反抗也十分激烈。元朝的最後二十年，實際上已有人民起義的政權建立於南方和它對峙。於是接下來就是明朝。

　　明朝恢復了秦漢時的疆域，成為一個統一的大帝國。內部的專制統治的強化更是前所未有。所以到了明末就發生了繼續二十年之久的規模浩大的農民造反。滿洲乘明政權崩潰之時入關，於是中國國土又一次全部為異族侵略者所統治。這一次竟延長到二百七十年之久。

清朝以四十年的武力經營統一了中國，承繼明朝而實行極端的中央集權，更加上種族的壓迫。但其統一的全盛時期也只維持了一百五六十年。從海上來了資本帝國主義的侵略，從人民中起來了反異族壓迫的巨大騷動，封建專制主義社會從根本上動搖了起來。所以我們可以把 1840 年的鴉片戰爭看作是封建時代結束的一個標識。從此以後，中國漸漸踏進了半封建半殖民地的時代。

　　以上可說是對於這二千年間的國家形勢發展的一個簡略縮寫。由此，我們可以看到，在這長期的封建專制主義時代，維持和平統一，從而經濟繁榮、文化發展的時期是並不很多的，常常受到戰爭、分裂和侵略的擾亂，這是為甚麼緣故呢？由本書以下各篇所述可以得到對於這問題的答覆。所以以下我們要先來分析封建專制主義的統治權力及其機構，再討論到這種權力所憑藉的經濟基礎 —— 農村，於是就可以進而研究在封建時代農村中常常發生的叛亂和騷動。然後，我們再討論到在封建專制主義時代也常常發生的異族入犯和侵佔的現象。

在「萬人之上」的人

我們這一輩人都是生活在沒有皇帝了的國家中。我們絕不會覺得，必須有一個皇帝高高地在我們頭上，才能生活下去。但是在三十年前，落後的農民中還有存着「真命天子坐龍廷」的希望的人；二千年來，一切有知識的人也都以為「國不可一日無君」是絕對的永遠的真理。這種種想法，在今天我們看來，卻都是可笑的，不可理解的了。

　　其實這種種想法也並不是不可理解的。正因為二千年中，中國社會一直是在君主專制的政治下面，當時的歷史條件使人們想像不出來，假如沒有皇帝，整個國家和社會怎樣還能繼續維持下去。當時不僅社會國家中佔統治地位的人如此想法，就是被統治的人也只能如此想法，因此他們在暴君的壓制下喘不過氣來的時候，只好希望能產生一個善良的「真命天子」了。農民戰爭雖然是和當時的專制統治絕對對立的，但在農民中還是要產生自己的皇帝，他們還沒有可能提出如我們今天大家所知道的民主政治來代替君主專制政體。

　　現在我們是誰都知道了，皇帝對於一個國家並不是必要的東西，君主專制政治遠不及民主政治完善。但是中國歷史上的君主專制政治到底是怎麼一回事？它到底

表現出了些甚麼罪惡？它又為甚麼能夠維持得這樣長久？這是很值得我們談一談的。

一、專制皇帝的產生

秦始皇是中國歷史上的第一個皇帝。在他以前，沒有皇帝，只有王。從「王」到「皇帝」，並不只是名稱的改變，周代的王和秦以後的皇帝，是有着完全不同的性質的，因為在周王之下有許許多多的諸侯，每一諸侯的領土就稱為一國，在諸侯國內的政治財政軍事都不是王所能直接干預的。而且在每一諸侯國內，也不是一切實際權力都操在諸侯手裏，因為諸侯下面還有許多所謂卿大夫，他們各自分據着一定的領地，世代傳襲。這是在所謂春秋時期的情況。到了戰國時期，許多小諸侯國互相兼併，結果只有七個大國。這並立的七國先後都自稱為王，每一國的王，漸漸能把自己國內的政權力量統一起來集中在自己手裏，這七國就可說是七個專制王國。這也就是說，在那時，君主集權的專制政治已漸漸地形成了。齊、秦兩國，在戰國末期，已曾廢棄了王的稱號，借用原來稱呼天上的大神的稱號——「帝」來稱呼自己了。直到秦始皇併吞六國以後，更採用了皇帝這一稱

號，君主集權的專制政治也在這時候確立了。

自從秦以後，二千多年中，朝代雖然不斷更換，但專制政體是一直繼續維持着的。不過在各個朝代，君主專制的程度有強有弱。漢的君主專制程度其實並不很強，到了魏晉南北朝，在分裂混亂的局面下，那就更弱了。隋唐的君主專制程度較強。宋時雖然國勢很弱，但君主專制程度卻是很強的。明代和清代的前半期是中國有史以來最強的君主集權的政體。——這裏所謂程度的強弱，指的是皇帝所集中的權力大小。我們說，宋、明、清的君主專制很強，是因為當時全國的一切兵權與政權都在皇帝個人的名義下由中央所控制，一切地方上的官吏都由皇帝指定，皇帝對全國軍隊都有權直接指揮，一切地方的財賦也由中央支配。但是在漢唐，實際上，還有地方的長官保有兵權、行政用人的權力，和獨立的支配財賦的權力。

我們知道，在君主專制政權下面，整個國家都被看作皇帝個人的私產。所以漢高祖劉邦做了皇帝之後，有一次向他的父親說：「當初你以為我不行，不能夠治產業，還不及我們老二。現在看吧，我和老二究竟是誰的產業多些？」這正是露骨地表現了把國家當做私人產業

的想法。但是所統治的國家是這樣的龐大，用甚麼方法能使皇帝，不僅在理論上，而且在實際上，成為國家最高的主人呢？那就必須有下述的兩套工具，就是在皇帝下面，要有一個普及全國的統一的官僚系統，又要有一個同樣普及全國的統一的軍隊系統。這兩套工具完全沒有，就不能產生君主專制，這兩套工具不充分，就不能產生很強的君主專制。從秦以後，統一而集中的官僚和軍隊系統逐漸地形成，所以君主政體也就能一步步地由弱而趨強。

對於中國歷史上的君主專制政治，有許多錯誤的見解。有人以為既然是君主專制，可見當時社會上只有皇帝一個人是統治者，其餘的全國一切人，在皇帝面前是平等的，同樣是被統治者。——這種看法和實際情形絕對不符。光靠一個人的力量統治幾千萬人，那是任何能幹的皇帝所做不到的事情。

有個故事很可以幫助我們的了解。宋神宗曾經採用王安石的主張，實行「新政」，就是對當時的社會經濟制度實行一些變革，受到許多大臣的反對。文彥博有一次當面諫勸神宗廢除「新政」，神宗說：「這樣變動一下，固然是士大夫所不高興的，但對於百姓有甚麼不好

呢？」文彥博回答說：「陛下，您要知道，您不是和百姓一起治天下，您是和士大夫一起治天下的啊！」文彥博這句話，正是提醒皇帝，你不要自以為真個高踞在「士大夫」和「老百姓」之上，可以一意孤行，為所欲為。皇帝雖然有極大的權力，但這權力，卻有個限度，絕不能走到和當時的「士大夫」相對立的方面去。因此，宋神宗終於沒有徹底施行所謂「新政」。

這所謂士大夫，其實就是代表當時社會中的地主的利益的人。地主在當時社會中，是以剝削農民大眾（「百姓」中的主要部分）而生活的。他們既在經濟上處於剝削地位，也就要在政治上處於統治地位。要組織和維持君主專制所必需的官僚系統和軍隊系統，沒有全國地主的支持是不能成功的。假如皇帝所執行的政策根本違背地主的利益，他也就不能成為全國的統治者。

皇帝是全國地主中的最大的一個。所謂「普天之下，莫非王土」，皇帝就以地主的身份來收取租稅。像清朝雖然本來是遊牧民族，但一做中國皇帝，馬上佔了幾百萬畝田地做皇室莊園，因此也成了中國最大的地主。所以正確地說起來，我們應該說：當時全國的統治，權力屬於全體地主，其中自然又以大地主更佔支配

地位，而皇帝則以最大的一個地主的身份來代表全國地主執行統制的政權。

全國地主分居各地，相互間利害不盡相同，為了不致因相互間的矛盾衝突而損害大家的利益，並且為了鎮壓被統治的人民（主要是農民），使他們俯首貼耳，甘受奴役，那麼，一個強有力的全國的統一的政權對他們是有利的。而在當時的社會條件下，地主階級要建立這樣的統一政權，就只能去努力造成一個有無上權威，甚至帶有神聖性的皇帝，讓一切政權力量集中在這皇帝個人的身上。

另外，對於君主專制政體還有一種錯誤了解。有人以為君主專制既不表示只有皇帝一個人是統治者，那就可見中國歷代的君主專制不過是一個外表的形式，其實卻包含着民主的內容。但這種說法，由以上所述也可看出，同樣是錯誤的。中國過去的皇帝和現代英國的 King 是不能相提並論的。因為英國的政權力量實際上並不操於 King 的手上，而掌握着最高的立法權的國會是由於民選而產生的。所以 King 的存在並不妨礙現代英國是一個民主國家。[1] 但是在古代的中國呢，固然在皇帝之

1　編者按，原文如此。

下有宰相、閣臣、百官、僚吏實際處理行政事務，但這一切官吏都是由皇帝任命而且受命於皇帝的。皇帝的話就是法律，最高的司法、立法、行政之權都集中在皇帝一人手上。

我們應該一面看出，在君主專制政體下，並不就是皇帝一個人來統治全國，一面又要看出，整個地主統治勢力正是通過了皇帝這一個人來實行統治的。這也就是說，我們應該一面看出，所謂國家屬於皇帝個人所私有，其實際的意思乃是國家是在地主勢力支配下，因為皇帝正是地主的代表。一面又要看出，地主勢力統治全國，其具體的表現就是皇帝個人的專制獨裁。

明白了在中國歷史上的君主專制政體的實質後，我們就可進而說明君主專制政體的具體表現了。

二、皇帝是「天生的聖人」麼

做皇帝的人，自然也和普通人一樣，同樣是圓顱方趾，經過十月懷胎生出來的人。但是當時統治者為了提高皇帝的威權，鞏固他的地位，便造出許多神話來使人民相信皇帝是「天生的聖人」，並不和一般凡人相似。皇帝被稱為「天子」，這就是說，他是天的兒子，和凡夫

俗子迥然不同。只有皇帝才有資格祭天。這是說只有皇帝是能和神靈相接近的。每逢水旱天災，皇帝常自認這是自己的罪過。這仍是表示，皇帝的一言一行都會影響自然現象的。更有許多故事，或者是說，皇帝在生下來時，就有異兆；或者是說，皇帝能夠役使鬼神，連鬼神也怕他；或者是說，皇帝在遇到災難時，就有神靈暗中佑護他，等等。譬如《史記》上載道：漢高祖劉邦的母親，有一天在野外，有龍降到她身上，才懷胎生下了劉邦。我們從《三國演義》中不也曾看到後漢的陳留王（就是後來的獻帝）出宮避難時，黑夜中有螢火蟲成羣為他引路的故事麼！我們從《岳傳》中不又曾看到康王（後來的南宋高宗）在金兵追趕下，有泥馬載他渡河的故事麼？造出這種荒謬的故事來，無非是叫人相信這些人之所以能做皇帝，都是「天命」所注定的。因為劉邦由平民的地位一躍而為皇帝，而陳留王雖是劉家子孫，康王雖是趙家子孫，但按照帝王世襲的常規，都還輪不到他們做皇帝，因此當時的統治者就造出這一套鬼話來，證明他們是「天生的聖人」，證明他們的確是「真命天子」，做皇帝正是他們應享的權利。

現在，我們當然不會相信「真命天子」這一類的鬼

話了。恰恰相反，我們倒可以看出，歷代做皇帝的人不但不是天生優異的人，而且其中的多數，當做一個普通人來看，還是很無能很糊塗的人。在這二千年中，大小皇帝一共總有二三百人，但在其中，傳統的歷史家所公認為有作為有能力的「好」皇帝不過寥寥可數的幾個，如漢武帝、唐太宗等。其餘的皇帝中的大多數不是庸庸碌碌，便是荒淫無度、昏聵失常的傢伙。

這原來正是在皇帝世襲制之下，以及在皇族的生活和實際社會絕對隔離開來的情形之下必然產生的現象。每一個朝代的創業的皇帝，自然都是比較能幹的人，他們沒有一些才幹也不可能從「羣雄逐鹿」中獲取最高的權位。但以後的皇帝卻只是無功無能，坐承祖業的了；而且他們從小就被旁人看作特殊的人，在宮廷裏過着和社會完全隔離的生活，對實際社會情形一點不知道，一味過着驕奢淫逸的帝王家的生活。這樣的家族一代代傳下去，自然是只會在體力和智力上一代代墮落下去的。因此，假如說皇帝和一般人不同，那麼我們倒不妨說，這不同之處正在於皇帝中大半是在精神上不健全，在智力上很低能的人。例如晉朝，有半數的皇帝都可說是近於白癡的人。其中最出名的是惠帝，他之所以在歷史上

出名，就因為他有一次知道了老百姓窮得沒有飯吃，便說，為甚麼他們不吃肉餅子呢？明朝雖是中央集權的君主專制最強的一代，但後半期的皇帝也全是些糊塗蟲。像武宗迷信神仙，外寇入侵到北京城附近，焚燒劫掠，連在後宮也看得見城外的火光，但是他的臣下騙他說是城外有火警，他竟也深信不疑。又像神宗，在位四十多年，一連有二十年沒有在朝廷上和羣臣見過面，據說這個皇帝很有抽鴉片煙的嫌疑 —— 那時正是鴉片初到中國來的時候。諸如此類的皇帝，在每一個朝代都是很多的。

歷來，沒有一個朝代不是勸忠教孝的。做傳統的良好的道德的表率和保護者，也被認為是皇帝的任務之一。我們且不論那所提倡的道德的內容，但可以斷言的是皇室內部的實況是和他所提倡的道德絕不相符的。譬如有名的皇帝隋煬帝，是殺死他的父親的兇手，但他卻建立了一個宮叫做「天經宮」，取「孝為天經」的意思，用來紀念他的父親，提倡孝道。 —— 這個故事再好不過地拆穿了歷代專制統治者提倡道德的假面具。歷史上殺父的皇帝並不只隋煬帝一人。至於弟兄間的、血族中的相互殺戮的事更是史不絕書。所以假如要講倫理道德的

話，那麼我們也可以說，皇族正是倫理道德墮落到極點的模範。

這樣生活腐敗、精神墮落的人，坐享至高無上的權位，很自然地，就會在行為上表現出極端的殘暴來。我們看歷史上有許多皇帝，其對待奴婢臣下的行為之酷虐，沒有理性，幾乎到了極點。譬如明朝自太祖以下好些皇帝都可說是暴君，他們不僅對人民採取極端高壓的政策，而且對士大夫也隨時表現其無上的權力。任何大臣，上書或進言，稍一觸犯了皇帝的意思，當場就會活活地被用棍子打死（所謂「廷杖」）。到了明朝後期的皇帝，其行為之暴虐和能力的貧弱更是以同樣的比例而發展。

由此，我們不免發生疑問，為甚麼當時一切地主士大夫官僚總是死心塌地擁戴他們的皇帝，不管那是暴君也好，是白癡也好，繈褓中的小兒也好。固然，從整個地主階級利益看，他們既賦予皇帝最高的權位，某些過分殘暴的地方也只好容忍，像在明代，因為經過了蒙古人的擾亂，又經過了元末各地人民紛紛起義之後，一種最高度的絕對專制主義政治才能保障對地主們有利的社會秩序，因此地主官僚自然不會因為皇帝是暴君就加以

排斥。但是我們知道，暴虐的皇帝並不一定就是能幹有作為的皇帝。那種暴虐而無能以及平庸懦弱而又無能的皇帝對於地主統治者有甚麼用處呢？—— 把這個問題研究一下是很有趣味的事情。

三、帝位的世襲和換朝易代

我們的問題是：既然從帝位世襲制之下常只能產生無能的皇帝，而皇帝之所以能有大權，又是因為全體地主的支持，地主們把統制權集中在皇帝一人的身上，照理他們就應該要求比較能幹的皇帝，那麼，為甚麼他們又一定要採取這種只能產生壞皇帝的世襲制度呢？

在這裏就存在着看來是很矛盾的現象，既必須把權力集中在皇帝個人的身上，又不可能在世襲制以外採取別的制度。

為了解決這矛盾，歷代的士大夫都很重視太子的教育這回事。最早在西漢初，賈誼上疏論政事，就把太子的教育列在很重要的一項。他說：「天下之命，懸於太子，太子之善，在於早諭教與選左右。」他以為，太子從小時就該選些好人和他接近，教他些好的道理，以後他登位後，便可做好皇帝了。所以不論哪一朝代，太子

教育總被當作一件大事。但是我們知道，單純注入的教育並不能代替環境的影響，何況太子的教育又是一種最畸形的教育 —— 把太子一個人交給幾個博學大臣來灌輸一些「聖經賢傳」，這哪裏會有甚麼好結果？從賈誼以來的這種主張挽救不了皇室墮落的命運是很顯然的。

有甚麼在世襲制以外的別的制度呢？固然，在中國傳統思想中也曾稱頌一種所謂傳賢而不傳子的制度。當時人們相信，上古時，堯為天子，不傳給兒子而傳給舜，舜也不傳給兒子而傳給禹。這就是所謂「禪讓」。但禪讓制雖是在理論上被讚美，卻又被認為是一去而不可復返的上古的美制，從來沒有人在實際上打算實行這制度。為甚麼緣故不實行呢？有人說這是因為家族觀念使得皇帝不願把皇位讓給別姓的人。但這還不是真正的原因，真正的原因乃是在君主專制政體下根本不可能實行這制度。所謂堯舜禪讓本來也是和實際完全不符的傳說。

只有在戰國時的燕王噲曾嘗試行了一下禪讓制，把王位讓給了子之，結果卻造成了國內紛爭，差點兒亡國。從秦始皇以後，從來沒有一個皇帝企圖用這種辦法，也沒有人主張過應該在實際上拿傳賢制來代替傳子

制。很顯然的，所謂賢不賢並沒有客觀的標準，在當時也不可能建立一種制度（如選舉制）來決定公認的「賢人」。假如讓皇帝自己來決定下屆皇帝應該歸誰，那麼其結果只會造成地主統治階級內部的紛爭和混亂，而紛爭混亂又是全體地主所極不歡迎的事。

我們已經指出，在全國那樣多數的地主 —— 士大夫之中，具體的利害不會完全一致，一定會形成許多派別鬥爭。而皇帝及其皇族卻是有着神性的威權，和實際社會保持着一定的隔離的。所以就只有皇帝及其皇族是超然地站在統治層的各派鬥爭之上，可能代表全體地主的共同利益。在這樣的情形下，就必須不僅維持皇帝個人的威權，而且維護整個皇族的威權，維持帝位的世襲制度，因為只有這樣，才能保障統一政權的穩固性，使它不致常常趨於渙散。不僅要規定繼位人必須是皇族嫡裔，而且要預先決定儲君（太子），使代代相傳能夠不發生任何障礙。這正是說，確定的世襲制度對於君主專制乃是一個必要的條件。

歷史上每逢皇帝由個人的好惡而廢立太子的時候，常有所謂耿耿忠臣不惜頭顱性命，竭力諫阻。這倒並不只是愚忠愚孝的表現，因為維持合法的世襲制，這不只

是皇室內的事情，而且是對全體統治層有密切關係的事情。相反的例子，我們可以舉出元朝蒙古人由遊牧民族的酋長而來做中國皇帝，他們沒有建立確定的世襲制，還是保存着過去由許多酋長共推一個大酋長的辦法，所以每逢皇帝死去，便要由諸王大臣來決定新皇帝。元朝內部政治的混亂，這也是原因之一。

既然必須保障確定的世襲制，那麼地主們也就只好容忍而且擁戴那最無能最昏庸的皇帝了。我們不能以為當時人是傻瓜，所以都寧願在一個不通人事的嬰兒或白癡前面誠惶誠恐地俯伏稱臣。不，他們這樣做，正是出於一種精密的打算，因為假如不要這個皇帝，那就必然得到一個混亂的時局。在糊塗的主子與混亂的時局之間，他們當然寧可選擇前者。

除非由於某種原因而使整個社會秩序發生了巨大的變動，如因外寇的入侵或農民的起義或統治階級內部的矛盾發展到了極點，皇位世襲制才被打斷了，這就是所謂朝代的更易。舊的皇族已無力代表全體地主的利益了，地主們只好去匍匐到另一個從混亂局勢中為自己獲得了帝位的人面前，支持他建立新的朝代。而所謂「禪讓」的美談便只成為臣下篡位時的裝飾品，如魏曹丕之

奪取劉氏的位，晉司馬炎之奪取曹氏的位，都曾借用過禪讓的形式。

所以我們可以說，在君主專制政體下，雖然皇帝具有最高的權威，但其實皇帝個人如何並不是甚麼很關重要的事。最重要的事是當時全國的地主統治者相互間的共同利害能否壓倒他們之間的矛盾衝突。假如能夠，皇帝的威權就能鞏固；反之，當統治者內部在政治上、經濟上的矛盾非常激烈的時候，無論怎樣有才幹的皇帝也不可能取得作為統治階級最高的共同權益的代表人的資格。最顯著的例子是在南北朝與五代。那時候朝代的更易成為家常便飯，而那些皇帝，按照一般歷史書的描寫也大半是些最荒淫無恥、昏聵糊塗、暴虐殘酷的腳色。但我們也必須說一句公平話，他們的行為其實也未必就比旁的國祚長久的朝代的皇帝更為不堪。他們若在那全國政治經濟秩序安定的時代做皇帝，是仍不失其為最高權力的代表者的。

有些時候，當統治者中某一部分力量特別強大，起而想奪取整個政權的時候，他們常常不惜破壞常規的帝位的世襲制，故意設法從皇族中找出那最無能的人，最年輕的人，甚至在襁褓中的小兒來做皇帝。如東漢、唐

朝、明朝在其覆滅以前一個時期都經常發生這種現象。假如把造成這些皇朝覆滅，和形成社會混亂的責任都加在這些無知的做傀儡的皇帝身上，那自然是不公平的事，因為事實上他們不過是在統治者內部鬥爭中被送上了犧牲台的可憐蟲而已。

四、在皇族內部的糾紛

中國過去有所謂「家齊而後國治」的說法，但家最不能齊的卻莫過於皇家了。在皇族內部，沒有一個朝代沒有發展到流血衝突的糾紛的。──為了要做皇帝，兒子殺掉父親，弟弟殺掉哥哥，這是很平常的事。前舉隋煬帝殺父就是一例。赫赫有名的唐太宗也曾因為他的父親（高祖）不把帝位傳給他，就殺死了他的弟弟和被封做太子的兄長，逼迫父親立刻讓位。但皇室內部的衝突還不只是這一形式。

皇帝既然有最崇高的地位，皇族自然也當有特殊的尊榮。怎樣使皇族尊榮起來呢？漢朝的劉邦所實行的辦法還部分地保存着諸侯國的制度，他割土分封，封劉家子弟為王，分居各國。這是自己做中央的大皇帝，使各子弟們在各地做小皇帝。但結果小皇帝們都憑藉地方的

力量起來反對中央的大皇帝，引起了所謂「七國之亂」。西晉也實行這制度，結果也引起所謂「八王之亂」。

原來，要實行分封之制是因為在那時，中央政權還沒有強大到足以直接控制全國。這正是中央集權的君主專制的條件還沒成熟的表現。封同族人做王，本是想由血統的聯繫來避免地方與中央的對立。但其實，地方與中央只要在政治經濟上有對立起來的可能，只靠血統的紐帶是無法抵消的。在這情形下，地方勢力和中央勢力的鬥爭便以皇族內部的鬥爭為形式而表現出來，並且正因為表現為皇族內部的鬥爭，所以更加激烈。

「七國之亂」是在漢中央政權的武力鎮壓之下平定下去了的。「八王之亂」鬧了二十多年，兄弟互殺，叔姪互殺，八個王都死於骨肉的殘殺中，真是幾乎令人不易相信的事。西晉的懷帝被匈奴的劉聰擄去之後，居然還回答劉聰說：「我家之所以骨肉相殘，大概是由於天意，給陛下自相驅除。」── 這真是不知羞恥到極點了。

南北朝時宋、齊兩朝骨肉相殘的情形也不下於西晉。宋皇族四世六十六男都在自相殘殺中殺完了。齊的明帝蕭鸞是齊的開國者高帝蕭道成的姪兒，他不僅搶了高帝直系子孫的帝位，而且把他們全部殺光，連一個小

兒也不留下。

有了這些教訓，以後歷代皇帝都不敢再分封子弟，使掌地方實權了。而且社會經濟的發展使中央集權可能更加強固，已沒有分封王國的必要。隋、唐、宋、明各朝正如漢在七國之亂以後一樣，對皇族中人雖有封爵，但只是坐食俸祿，不操地方的實權，這固然消滅了皇族內部兵刃相見的衝突，但坐享尊榮的皇家子孫代復一代的繁殖，對於人民卻是一種極重大的負擔。明太祖朱元璋時還復活了一次分封諸子的辦法，結果也引起了兩次皇族內的戰爭。有一次是燕王（太祖的兒子，即明成祖）從北方起兵搶去了惠帝（太祖的孫子）的帝位，惠帝逃走出宮不知去向，成祖怕他潛逃海外，還派人追到海外去到處搜索呢。

談到皇族內部的糾紛，還不能忘記了皇后的地位。某一個皇后或太后在宮廷內得勢，她的父母、兄弟、子姪也就聯帶着在朝廷上得勢，反過來也可以說，這些所謂「外戚」在政治上得勢了，於是宮中的這個皇后或太后也就權力增強，甚至凌駕皇帝之上了。首開其例的是劉邦的老婆呂后。劉邦規定「非劉姓者不得王」，但他死後，呂后就掌握了政權，大封呂姓的人做王。結果劉家

的人雖然再起來趕跑了呂家的人，但是整個西漢和東漢的歷史上，母后擅政和外戚專權的事仍不斷發生。大體的情形是：一個皇帝死了，他的皇后就乘機獲得權力，從皇族中選立一個年紀很小的孩子做皇帝，自己以太后的資格臨朝聽政，她的娘家人便成了顯貴。外戚的專權實際上正表示，在統治層中某一部分的勢力獲得優越地位，這自然就要引起別的部分的勢力的嫉恨。等到新皇帝也漸漸成人的時候，統治層中別的部分的勢力便幫助皇帝壓制太后，誅殺外戚。而這時，新皇帝的皇后及其外戚的勢力又開始成長了。這樣的所謂母后與外戚之禍不斷地反復，把兩漢的政治攪得烏煙瘴氣。滅亡西漢的王莽便是這樣的一個外戚。

漢以後的各朝，因皇后和外戚而引起的紛爭，雖都不及漢朝的經常而嚴重，但也還是幾乎無代無之，最著名的是唐代的武則天和韋后，乃至楊貴妃。明太祖定下條例，嚴禁太后干政，正是害怕因此而造成皇族間的紛爭。清朝還有慈禧太后垂簾聽政的事，慈禧和光緒帝的對立更顯然的是兩種政治勢力的對立的反映。

由以上所述，無論是皇族中同姓骨肉的相爭，還是母后外戚和皇帝的相爭，其實際內容都不僅是皇族內部

的糾紛。正因為在君主專制政治下，皇族是站在整個統治機構的金字塔的頂點的，所以一切在統治層內部的矛盾鬥爭常都集中化地表現在皇族裏面，這就使得皇族內部的鬥爭成為不可避免的必然現象了。

在這種反映到皇室內部的複雜鬥爭中，又造成了一種很奇特的人的勢力，那就是宦官。這種沒有知識教養——甚至不大識字——在生理上有着缺陷的畸形人物，在中國歷史上，竟常常能在一個時期，隱然成為全部政治的支配者，這實在是君主專制政治下的怪現象。

宦官的存在於宮廷中，並不始於秦漢，但他們本來不過是處於皇帝的侍役地位而已；宦官的獲得大權也是由漢朝開始的。因為在當時的后黨外戚與皇帝的鬥爭中，皇帝在宮廷中所能找到的最親近的人便是宦官，於是他們便內得皇帝信任，外與官僚集團勾結，而成為對抗外戚勢力的主力。在外戚勢力最後完全消除的時候，宦官勢力已經不可動搖，宦官有封為侯爵的，他的親屬也憑藉勢力做了大官，甚至他們還有立新皇帝的權，並且造成所謂「黨錮之禍」，把當時官僚中的正人君子都消滅了。像這樣的宦官勢力在唐朝又出現了一次。唐朝最後一百年間幾乎可說是一種宦官政權。宦官握有兵權，

握有實際的政權，一切做宰相的不奉迎宦官便不能安於其位，宦官殺死過兩個皇帝，迎立了七個皇帝。當官僚中有一部分力量起來和宦官鬥爭時，每一次總是宦官得勝。到了明朝，明太祖手訂的祖宗家法，一條是太后不得臨朝，另一條便是宦官不准干政。但是在上述明成祖奪帝位的一幕鬥爭中，宦官卻盡了很大的力量。從此以後，幾乎每一個皇帝都有宦官操權的事。到了明末魏忠賢時，宦官政權更發展到了最高點，滿朝的文武幾乎都做了這太監魏忠賢的乾兒子，全國各地的封疆大吏都紛紛給魏忠賢立「生祠」。

宦官集團本不過是皇族內的寄生蟲，它所以能因緣時會，踏上政治舞台的最高峰，這顯然不是它自身的力量，而只是君主專制政體的腐敗的表現。當皇帝環顧左右，找不到最可信託的「心腹」時，結果只好找到這些既不會生兒子，看來也不會有甚麼太大的私人圖謀的太監，把一切權力交託給他們。到了這時候，也就表示這一朝的皇帝已經走到了窮途末路了。但是我們要想懂得宦官政治，還不能僅從皇族這一方面看，更得觀察君主專制政體下的官僚制度，那是在下一篇裏就要談到的。

一種特殊職業——
做官

一、「做了老爺就是天上的星宿」

讀過《儒林外史》的人都知道一個有趣味的故事。

范進到了五十歲時才考中了舉人，一接到消息時就歡喜得發了瘋。當時有人說，要有個他平日害怕的人來嚇他一下，就可把他嚇醒。於是請了他的丈人胡屠戶來。胡屠戶卻道：「雖是我的女婿，如今卻做了老爺，就是天上的星宿。天上的星宿是打不得的！」但禁不住旁人的敦促，他果然去做了。你看：

「胡屠戶凶神般走到（范進）跟前，說道：『該死的畜生，你中了甚麼？』一個嘴巴打將去。不想胡屠戶雖然大着膽子打了一下，心裏到底還是怕的，那手早顫起來，不敢打第二下。范進因這一個嘴巴……不瘋了。……胡屠戶站在一邊，不覺那只手隱隱的疼將起來。自己看時，把個巴掌仰着，再也彎不過來。自己心裏懊惱道：果然天上文曲星是打不得的，而今菩薩計較起來了。」

這個故事真是淋漓盡致地表現了當時人們對於官的看法。范進家裏雖然本來是三餐飯都不周全的，但是一中了舉就踏進做官的門，就是「老爺」，就能在社會上享

有特殊尊榮的地位了。無怪乎像胡屠戶這樣的人以為中舉做老爺的都是天上文曲星下凡了。

　　人們對於官抱着這種敬而畏之的看法，正因為在實際上官是享有超於常人以上的特權地位的緣故。

　　固然，在君主時代，做官的人也有很多本來是窮家子弟，像《儒林外史》中的范進那樣的人。有人根據這一點就說，那時是人人都有做官的機會，「政權」開放給全體人民，所以這種政治和現代的民主政治只是形式上的不同。這種看法其實完全不對。因為要做官必須讀書能文，而在當時的經濟條件的限制下，受教育決不是任何人都能享受的權利，必須靠自己勞動來生活的窮人子弟，更幾乎是不可能的事。而且當時對做官的人，在其出生的家族的身份上仍有種種有形或無形的限制。所以真正出生於較低級的社會層而能做官的人，究竟只是例外的少數。絕對大多數的官都是從地主士紳家庭中出來的。縱然是由較貧寒的人家出身，但一做了官，在政治上也決不能代表他所從出身的社會層了。因為他之所以能做官，不是由自己所出身的這一社會層的擁戴，而是由於在政治上的統治者的提拔。假如他不是在思想意識上已經和統治者一致，他是永遠不能做官的。所以只

要他一旦開始取得做官的條件時，他就已獲得社會上特殊的身份，遠遠地而且永遠地離開了原來所屬的較卑微的社會層了。像《儒林外史》中的那位范進，一中了舉，就有張鄉紳來拜，送他銀子和房產，而且「自此以後，果然有許多人來奉承他，有送田產的，有送店房的，還有那些破落戶，兩口子來託身奴僕圖蔭庇的。到兩三個月，范進家奴僕丫鬟都有了，錢米是不消說了」。所以這時他雖然還沒有官職，但已經有了田產，有了地位，可以結納官府，交往士紳，取得在經濟和政治上的特權，也被旁人看作特殊的人了。等到實際做了官時，那就更不待說了。

「只許州官放火，不許百姓點燈。」從舊社會中流傳下來的這句諺語表明了當時官的特權地位。做地方官的人被稱為「民之父母」，這也是表明官並不是人民中的一員，而是高出於人民以上的人。在一個縣裏，縣官所說的話就是法律，他掌握着全縣的行政，可以按照自己的意志來行使審判。他固然還要受上峰的節制，但在人民看來，他已經是一縣中的小皇帝了。所有大大小小的官都只向他的上級負責，決不向人民負責。官還不僅在擔任着官職的時候有着特權地位，而且到了卸任退休的時

候，依然可以作為地方上的紳士而繼續保持特殊的身份。

秦漢以後二千多年間，在君主專制政治下的官都是如此的。由這樣的官來行使政治上的統治，我們可以特稱之為「官僚政治」。

很顯然的，這種官僚政治和民主政治是絕對不容混淆的。在民主政治下固然也有「官」，但和專制政治下的官，含義是不同的。在民主政治下，至少從法律上說，是不承認官有高出於常人的特殊權利和地位的，他不過是為公眾服務的人，他不具有特殊的身份，當他不做官時，依舊要和平常人一樣地從事某種職業的生活。——這就是說，民主政治下的一切「官」都應該是名實相符的「公務員」，而不是在專制政治下的官僚。但在中國歷史上，在民國成立以前，自然是連民主政治的名義也從來沒有過的，那時只能有官僚，而一般人民也絕對不敢也不能想到一個官應該是一個為人民服務的「公僕」。他們既不敢以為官應該只是人民中的一員，便只能設想官是從天上下凡的星宿了。

二、君主專制和官僚制度

在我們談專制皇帝的時候，已經指出官僚制度對於

君主專制政治是必要的條件。從戰國到秦是君主專制政治漸漸地開始成立的時期，也就是官僚制度漸漸地開始成立的時期。

在君主專制政治成立以前，佔政治上統治地位的人，最高的是王，以下有各國諸侯，再下便是卿大夫。所謂卿大夫和後來的官僚並不相同，其間差別最顯著的有二點：第一，他們是世襲的貴族。卿大夫的子孫世世代代承繼為卿大夫，從非貴族的人民中出身的人是不能成為卿大夫的。第二，卿大夫不僅是在諸侯之下的一個官，而且各有其領地（所謂「采邑」），在他們自己的領地上，他們實際上就是個小諸侯。這領地自然也是世襲的。——這種情形，我們可稱之為「世卿政治」，或「貴族政治」，以別於官僚政治。

在春秋時期完全是世卿政治。到了戰國時期，已開始有不屬於世襲貴族的人，因特殊的才能而為國君重用，如蘇秦、張儀一類遊說之士是最顯著的例子。秦用異國的人才最多，也可表示，在它那裏，世卿政治已漸趨衰落，官僚政治於是開始取而代之了。秦之能統一六國，這也是一個重要原因。到了漢代，有所謂「布衣卿相」的美談，就是出身「布衣」（非貴族）的人為皇帝所

提拔，一躍而官居顯位。

顯然的，世卿政治是表示國君權力的分裂。要建立強固的中央集權的君主專政，就必須能做到在君主以下，沒有任何負實際行政責任的官員是終身職和世襲職而為君主所不能加以干涉的，君主必須有權自由地任用、罷免和遷調任何官員。但這樣的官僚制度在漢朝也還沒有充分成熟。西漢初年不得不分封王侯，這些王侯既是世襲，又在其領土握有全部權力。在東漢晚年，地方長官（州刺史與郡太守）在所轄地內也擁有全權，而且漸漸形成世襲職。這都是中央集權下的官僚制度還沒有完全成熟的表現。漢代，也沒有確立一定的選拔官僚的制度，在事實上，高門大族幾乎包辦着做官的特權。在法律上，他們的官職雖非世襲，但在實際上，他們是世世代代做着大官。到了魏晉也還是繼續着這種情形。

直到唐代，官僚制度才可說是成熟了。貴族門第包辦做官權利的現象是漸漸消失了，一般地選拔官僚的制度是確立起來了。固然唐以後也不是沒有世襲的貴族（如皇家的宗室），但那不過是空有爵位，坐食俸祿並不負有實際行政責任。假如把世襲貴族以外無官爵的人都叫做「布衣」，那麼已可以說，官僚集團是幾乎全部都是

「布衣」出身的了。這所謂「布衣」，自然並不能表示最下層的勞動人民的意思。

官僚政治是從屬於中央的專制政治的，這正是官僚政治的一個特徵。君主政治也可以說就是「官主政治」，由此就更可看出官僚制度和民主政治確是風馬牛不相及的。

但由歷史的眼光看來，我們也可以承認，官僚政治是由世卿貴族政治前進了一步。在世卿政治下，做官的人只屬於極少數的貴族家庭，而在官僚政治下，則可能從較大範圍內選拔賢能來做官。但是因為官僚仍是佔有特權地位的新式的貴族，而官僚制度正是專制君主政治下的統制機構，那麼這種政治，用今天的眼光來看，當然是極端落後的東西。

既然君主專制需要官僚政治，需要有才能而忠誠的官僚來為自己服務，而官僚之所以為官僚，是不能不依靠中央集權的君主政治的，因此君主政治和官僚政治自然是相互為用的了。但在這裏卻存在着一種不能避免的矛盾，因為官僚們是為追求個人和他的家族的特權地位與利益享受而做官的，他們擁戴君主也不過是一種手段。那麼君主為了維持他的政權，就必須充分滿足官僚

們的個人慾求，以換取他們的忠誠。於是其結果，所謂根據才能來選拔官僚常成為一句空話。官僚們雖然一方面是以其忠於君上，忠於現存秩序，成為維繫君主專制政權的一個主要支柱，而另一方面，他們又終於成為從內部來腐蝕整個統治政權的貪慾無厭的蛀蟲。君主專制是除了依靠這種腐蝕自己的蛀蟲以外別無其他辦法的。這種矛盾發展到極點時，官僚集團內部固然萬分腐化，而這一代的專制君主政權也就趨於崩潰了。—— 唐、宋、明、清歷朝的君主專制下的官僚政治都是遭遇到這個命運的。

以下，我們要來較具體地考察一下。

三、官僚是怎樣產生的

世襲的貴族生來就是貴族，但官僚卻是從非官僚中產生的。那麼官僚是怎樣產生的呢？

漢時有兩種制度：一種叫做「察舉」，又一種叫做「徵辟」。「察舉」是由中央政府下詔規定所需要的人才的性質，要各地方政府在自己境內發現這種人才，推薦上去。至於各地方政府選拔人才給自己用，或者是中央政府直接從「布衣」或地方上卑微的官吏中徵召有名望

的人給他做大官，那便叫做「徵辟」了。這兩種制度固然都有打破世襲貴族獨佔做官權利的作用，但是為了中央集權的強化，這兩種制度並不是最好的方法。因為地方政府有權自行徵辟屬官，這顯然是妨礙中央集權的，而由中央政府直接徵辟，又很難提拔出多量的人才，事實也只是偶一為之，作為政府尊賢重士的標榜而已。至於察舉制，也還是授權地方政府來選錄人才，更難以避免地方上的豪族權門把持操縱的流弊。所以東漢時察舉雖是經常定制，但已漸參用考試的辦法，就是對地方察舉而來的人才，中央還要加以考試，才決定是否給官做。魏晉時行所謂「九品中正法」來選拔官僚，其實就是類似於察舉制的方法，但不是由地方政府來行使察舉，而由地方人士推薦，其結果更是顯著地為巨姓大族所操縱，以致有所謂「上品無寒門，下品無世族」的現象。實際上又成為一種少數貴族獨佔做官權利的現象。

所以到了中央集權的專制政治加強並建立了更集中的官僚政治時，就不能不探求更適當的方法，使所需要的官僚能夠不斷地產生出來。——於是科舉考試制度便被採用了。

科舉考試制是最能滿足君主專制政治的要求的。因

為，第一，科舉考試完全由中央政府來行使。中央政府通過了科舉考試，從全國各地選拔出做官的人才，再分發到各地去做官，這就加強了全國政權的統一集中。第二，實行了科舉考試制，選拔官僚便有了一個統一的標準，全國要想做官的人都必須努力去適應這種標準，這無形中就加強了思想的統一。並且，科舉考試制看起來又好像是最公平不過的制度，任何人只要有資格讀書，就有資格應考，也就有可能做官；這既可以掩蔽官僚政治的實際，又可以使天下儒生除了汲汲於按照科舉考試制的需要而埋頭讀書之外，不再生任何對君主統制不利的妄念。—— 所以唐太宗初行考試時，眼看着天下試子魚貫進入試場，不禁高興地說：「天下英雄都進入我的圈套了！」後來明朝的趙翼也做詩道：「太宗皇帝真長策，賺得英雄盡白頭。」所以從唐以後科舉考試就日益嚴密，成為官僚進身的主要途徑。

「賺得英雄盡白頭」，並不是一句空話。我們試拿明清科舉考試制充分確定了的情形來看。那時各府州縣都設有「儒學」，進學是科舉考試的第一步。政府派有管考試的大員到各地來舉行這種入學考試，參加考試的是已經在各縣考取了的童生。考取入了學的叫做「秀才」，

考不取的到老還是童生，但所謂入學並不是現在的進學路的意義，不過表示從此踏進了做官的門路。所以入學並不是件很容易的事。《儒林外史》一開首寫的周進，便是「苦讀了幾十年的書，秀才也不曾做得一個」，到六十多歲還是個老童生的人。而上文提到過的范進，也是從二十歲應考，考過二十多次，到五十四歲才入了學的人。但入學成為秀才後，就立刻取得一種資格，以後倘不能一路考上去，做到官，也可以退一步做教書先生。所以范進一入了學，他的丈人胡屠戶就向他說：「你如今既中了相公，凡事要立起個體統來。……家門口這些做田的、扒糞的，不過是平常百姓，你若同他拱手作揖，平起平坐，這就是壞了學校規矩，連我臉上都無光彩了。」

既入學之後，還要經過考試，考到一二三等的才可以到省城去應「鄉試」。鄉試三年舉行一次，考中了的便是「舉人」。全國舉人又要集中到京城去「會試」，也是三年一次。最後會試考中的人更由皇帝親臨舉行一次考試，那叫做「廷試」或者「殿試」，評定高下。這些考中的人便叫做「進士」。大大小小的官僚就出這些舉人、進士中產生了。—— 到老都是窮秀才，上京考試一輩子

也考不上的，自然佔絕大多數。

　　至於科舉考試的內容是甚麼呢？唐代，有很多科目，其中詩賦是最主要的。詩做得好，便有做官的希望。宋代，人們認為詩沒有用處，改重經義。所謂重經義，也不過是叫每個應舉的人把被認為聖書的「五經」中，先定一種，死死讀熟，並且讀熟由政府規定的一種訓詁。這自然也並不比詩賦有更多的實際用處。明代創行了所謂「八股文」。那是專取「四書」、「五經」上的句子拿來做題目，應考的人就按照法定的解釋來發揮做文章，文章的格式是一定的。這種文章，除了作為做官的敲門磚以外，仍舊是一點用處也沒有。但正因為可以使人做官，所以當時一切讀書人都把畢生精力用在這種無用的東西上去了。《儒林外史》上的馬二先生坐在書店裏選批的《歷科墨卷持運》，就是編集每一屆考試優勝的舉子的文章，供人作熟讀揣摩之用的。這位馬二先生曾向一個年輕的人忠告道：

　　　　賢弟，你聽我說，你如今回去，奉事父母，總以文章舉業為主。人生世上，除了這事，就沒有第二件可以出頭，只是有本事進了學，中了舉人、

進士，即刻就榮宗耀祖。這就是《孝經》上所說的顯親揚名，才是大孝，自身也不得受苦。古語道得好，『書中自有黃金屋，書中自有千鍾粟，書中自有顏如玉。』而今甚麼是書，就是我們的文章選本了。……賢弟，你少年英敏，可細聽愚兄之言，圖個日後宦途相見。

這一段談話，正可以說明在科舉考試制下支配着整個社會的思想意識。在當時人看來，讀書——應舉——做官，這是必然地互相聯繫着的三部曲。

假如科舉考試的作用本來是要用一個統一的標準來選擇有才能的人做官，但從這樣的科舉制度中卻顯然是產生不出有才能的人來的。因此科舉考試制度越是嚴格，所產生的官僚也就越是糊塗無能。但是專制統治者的主要目的還是達到了的。他所要達到的目的，從消極意義上說，固然是「賺得英雄盡白頭」，但更主要的，在積極意義上，是為自己培養一批忠誠可靠的奴才，以供役使。這些唸了一輩子死書，好容易戴上烏紗帽的人，對於現行統治秩序自然是竭誠效忠無疑的了。

可是專制統治者一遇到國難危急時，卻不能不坐食

這種科舉考試的惡果了。像明代晚年，內憂外患日迫，而那些從科舉場中出身的官僚，「文不能安邦定國，武不能臨陣出征」，只好束手無策。當時有一個舉人就慨乎言之說：「設制科，限資格，皆所以彌亂，非所以戡亂也。……今日救生民，匡君父，無逾乎滅寇，然生平未嘗學，父師未嘗教，所殫心者，制舉之業。一旦握兵符，驅強寇，其最良者惟守義捐軀，何益於疆場哉！」所以到了最後，官僚中大多數眼看着這個統治政權將要崩潰，覆巢之下無完卵，就索性另求生路去了。不論是被他們罵作是「流寇」的李自成來做皇帝，還是滿洲人來做皇帝，只要給他們官做，他們都可以俯伏稱臣，因為他們生活中的唯一的最高的內容和目的本來只是做官而已。

四、官僚的膨脹

既然官的地位如此崇高，又有較公開的入仕的途徑，奔趨到這條路上來的人自然是多到極點。但官的數額究竟有限，科舉考試錄取名額也不能不有限度，許多想做官而做不了的人，豈不也要生怨望麼？

使讀過書的知識分子爭着來做官，並盡可能使要做官的人有官做，這是專制統治者維繫其現行統治秩序的

方法。

因此不管是否需要這樣多的官僚，但定期舉行的科舉考試仍是非經常舉行不可的。唐代，由科舉考試及第的人還須通過吏部的考試才給官做，但宋以後，是一及第就立刻可以做官的。在宋朝還有一個故事，說是張元應舉，已考中進士，在殿試時卻被黜落，怨憤之下，就投降了西夏國主趙元昊，來給中國搗亂。從此以後，就明定了進士在殿試中一概不再黜落。—— 這故事可以表明，多多使人做官正是穩定統治政權的一法。清朝以異族統治中國，更儘量在科舉考試上與人方便：除了三年一次的考試外，在每遇到國家慶典時，還另開特科；又特頒恩典，對於蹭蹬考場、年老尚未及第的人破格錄用為官；並且倘若童生考不進學，也可花錢買一個監生的名義，一樣能參與鄉試，走向做官的途徑。這自然都是為了要收得籠絡人心的效果。

而且由唐宋以後，科舉考試雖被認為做官的正途，但除此以外，也還有各種各樣路子可走。

漢朝的察舉、徵辟之制，在後代也仍以別的形式與科舉考試制並行。特別在異族統治的朝代，因為一時還有些知識分子不甘願來應付科舉考試，便更特別推行其

他方法。如元朝初年，曾大舉徵訪所謂「山林隱逸」，清朝初年，也下詔薦舉「山林隱逸」，徵召「博學鴻儒」，來表示他們是有誠意和中國讀書人合作，願意給他們官做的。明朝也曾特別重視薦舉，廣開做官的門路，使人們不必經過艱難的科舉考試也有官做。

既然科舉考試制的目的不外乎求得忠順的人來做官，那麼予官僚的子孫以做官的更多方便，也是使官僚更加忠順的方法。所以官僚雖非法定的世襲，但作為皇上的恩典，官僚子孫常可以不經過考試就取得官爵。這是各代都有的情形，而在宋代最為盛行。在那時，不僅一人做官，他的子孫可以連帶得官，甚至只要官做得大，連他手下的門客也都被封官。

至於因接近皇帝或掌權大臣，以特殊技能或特別殷勤而被賜官爵，也是常有的事。

甚至官職可以公開用錢買。這也是古已有之的辦法。漢武帝時，已有輸納一定數額的粟帛給政府就可以做官的規定。東漢時政府出賣官爵，還公開定得有價目表。像靈帝時，「二千石」的官（當時官級高下以所得俸的多少來表示，俸以米計）賣錢二千萬文，「四百石」的官賣四百萬文，但也可以討價還價，打折扣。曹嵩買

太尉，出了一萬萬文。崔烈買得司徒，照定價要一千萬文，卻只出了半價，授職後，靈帝很懊悔，向左右說，應該敲他一下，讓他出一千萬文才對。那時買官職還可以暫欠，到上任後再加倍還。唐代也有定價賣官的制度，納錢三十萬文，便可得官職。清代除了在科舉方面可以花錢買監生外，也可以直接花錢買官做，號為捐納。——這種辦法一方面既可以滿足那些有財產而不讀書的人的做官的慾望，加以籠絡，一方面也可以彌補國用的不足，在專制政府看來，正是一舉兩得的好法子。

既有科舉考試制不斷引進官僚，又有這種種進入仕途的方便之門，那麼，結果官員數量自然會不斷增加，以致超過實際需要量。

我們都知道在經濟上有所謂「通貨膨脹」的現象，那麼對於在官僚政治下官員無限度地增加的現象，也可以加上一個名稱，叫做「官僚膨脹」。由以上所述，可知這種膨脹正是在官僚政治下必然產生的現象。漢、唐、宋、明各代，無一代不顯著地發生這種現象。

譬如唐代，在高宗時全國文武官一共是一三四六五人，而這時每年經考選有資格做官的人就有一四〇〇人。官數不斷增加，到了玄宗時，相距不過五六十年，

官數已增至一七六八六人之多。所以這時已有人說:「現在的情形是官數比古代多一倍(東漢的官只有七五六七人),有資格做官的人比官又多十倍。」宋朝開國以後不久,在真宗景德年間,有官一萬多人。過了四五十年後,在仁宗皇祐年間,官數已增了一倍。又過十年,在英宗治平年間,官數更增加到二萬四千人。以後仍不斷增加,最多時一共有三萬四千人。到了明代,膨脹得更厲害了,武宗正德年間,全國的文官有二萬多人,武官有八萬多人。以上這些數字還只是指正式的官,官下還有所謂吏,吏雖不如官的地位,他們的出身也和官不同,但他們是官的爪牙,官的附庸。倘把吏也計入在內,數目就更大了。如在唐玄宗時,有官一萬八千人,而較高級的吏就有近六萬人。明代文武官加吏在內一共有近十八萬人之多。

由於官僚的極端膨脹,就會引起許多對於專制統治也是不利的惡果,其中最顯著的是:

第一,官僚在量上的增加,同時就一定是質上的降低,使這些走上仕途的人都對現存統治秩序深感滿意的目的雖然達到,但是選擇有能力的人來為統治政權效勞的目的卻完全被拋開了。

第二，為了容納這不斷新添的官員，勢必擴大政治機構，並增設不必要的機構，平添許多冗員。關於歷代政治機構的情形，詳細說來，是很麻煩的，且也不必要，因為歷代政權性質既無改變，其政治機構在基本上也是相繼承襲的。不過每一代在因襲前代制度後，必又增添上新的官職機構，或把本來是較不重要的官職加以擴大，使成為龐大機構，以致政府中添了許多根本無用的官員與機構；並且在各種官職和機構之間，職務不能劃清，事權互相重複，更使我們今日研究起來，難以一一弄清。這種情形之所以產生，固然因為這種政府機構互相牽制重疊的情形恰恰有利於專制集權的統制的運用，同時也顯然是因為要容納那日益增多的官僚之故。整個政治統治機構，一天天更加龐大，不可免地陷於臃腫不靈、沒有活動能力的情況，尤其在遇到任何突發事變時，自然更完全暴露出其無能來了。

第三，官吏的膨脹就使國家開支浩大，人民負擔加重。在專制時代，王室的費用和官吏的供養是國家支出中極大甚至是最大的一項。如宋代官僚的待遇最厚，不僅有錢有米，而且有田，所以當時人說，政府對百官加恩，唯恐不足，而向萬民斂財不留其餘。且官僚不僅有

合法的收入，更可靠官的地位來增加不合法的收入。明代官俸最低，然而官僚的貪污腐化也最盛，他們一面向人民巧取豪奪，一面截取國庫中的收入，雖小小的官也可立致豪富，這自然是把做官看作最有利的職業的情形下必然發生的現象。所以官僚的不斷膨脹對於人民的意義不過是背負的擔子的日益沉重。

五、「國家之敗，由於官邪」

由以上所述，我們對於官僚政治下的實際情況，也就不問可知了。

官僚職位的升遷，一般說來都是憑資格而不憑能力的。從唐宋以後就已確定了所謂「磨勘制度」，人們一入仕途，就有了絕對的保障，只要循規蹈矩地做下去，過一定期限就可以升一級官。這種升遷的制度和科舉選官制度一樣，是看起來最公平的辦法，但事實上只能養成無能的官僚。

假如不滿足於這種按部就班的升遷，怎樣呢？那就多半要靠私人請託，行使賄賂以至種種暗地進行的方法了。

在這情形下，自然就造成了只有權奸小人能夠當

政的現象。專制政治下的權奸小人，無非就是那種善於伺候皇帝，取得皇帝信任，而在實際上只顧個人私利的人。在上面當政的是這樣的人，在下面從政的全部官僚都得到了極大方便，更可以稱心如意地向人民詐索，更可以毫無顧忌地通過不合法的方法來取得高官。人們都罵唐代的李林甫、宋代的蔡京、明代的嚴嵩、清代的和坤，這些都是所謂奸臣，但是我們應該知道，權奸專政之所以代不絕書，正是因為這是在君主專制的官僚政治下的必然產物。由此也就可以懂得漢、唐、明各代宦官政權的由來了。假如以為這少數無知無識的宦官真能夠蒙上蔽下，因而取得實際政權，那就錯了，因為宦官之得勢完全由於在上有皇帝的信託，在下有官僚集團的擁護。那時候，所有的自命為「讀聖賢書」的官僚士大夫紛紛拜倒在宦官前面，無非是利用這種宦官的無知無識，利用在宦官統治下的政治，使每個人都可以方便地取得自己所要得到的利益。

於是貪污就成為歷代官僚的一個必然屬性。升官發財向來被視為互相聯繫的，而在法定的官俸以外，用任何手段來增加財富，自然都統屬於貪污的範圍。

歷代的皇家，不僅通過官僚機構來向人民徵收賦

稅，而且要由各地官僚進奉額外的錢財。地方官僚之所以要盡力進奉，自然是因為這樣做了，官位才可靠，才更可以為所欲為，可以更快地升官。中樞官員因為有權管理地方上的用人行政，考核地方政績，所以地方官員也就非報效不可。《水滸傳》上寫晁蓋等七人智取生辰綱，所取的就是地方官僚送到京城去孝敬中央大員的財禮。歷史上有一些當權大臣後來失勢被皇帝抄了家，從至今保存下來的抄家時的登記清單中，使我們可以具體知道這些人的財富實在是大得驚人，譬如明代的嚴嵩的家產，光是黃金就有三萬多兩，銀子二百多萬兩。但據說這還只是他的實際財產的十分之三四。明代當權的太監，財富更是巨大，如朱寧、江彬都有黃金十萬多兩，銀子五百萬兩左右，而劉瑾甚至有黃金二百五十萬兩，白銀五千萬兩。清朝和珅有金四萬兩，銀三百多萬兩。由他們的巨大財富，也就可以想見當時整個官僚集團中的貪污情形了。

明清兩代，由於商業資本的發達，使官僚的貪慾更甚，由此官僚貪污的情形也到了空前的情況。中央大員既然一心一意，憑藉地位，聚斂財產，地方官員當然更是要拼命賺錢了。「三年清知府，十萬雪花銀。」正是

絕好的寫照。《儒林外史》寫一個知府新上任，向前任打聽的一件事便是：「地方人情可還有甚麼出產？詞訟裏可也略有些甚麼通融？」這話正是問怎樣可以貪贓枉法。《明史》中有〈循吏傳〉，載循吏一共有一百二十五人。但其中屬於明代前半期的有一百二十人，後半期的只有五人。所以歷來人們都認為明代前半期官吏的風氣較好，而到了嘉靖朝以後就貪污公行了。但實際上並不然，不過是在明朝前半期，一般官僚從事非法的貪污，還遮遮掩掩，不敢公開，後半期卻明目張膽，在官場上公開送錢，不以為諱，所以幾乎連一個清白的官也找不到了。

有人以為，明清兩代官僚之所以貪污最盛，是因為這兩代官俸最薄之故。這固然是一個原因，但並不足以說明貪污現象之由來，因為唐宋的官僚的待遇非常優厚，但貪污情形卻也同樣存在。原來有糞坑就必然有蛆蟲，有官僚制度就必然有貪污。

固然在官僚制度下，並非絕對沒有個別的清白的人，但是當做全體看，官僚制度是只能產生貪污的。而且在當時，對於清官的定義和我們今日所了解的真正廉潔並不相同。原來歷代對官僚的待遇雖然有厚有薄，

但是中央政府對於地方上的行政費用是並不負擔的。各地方的官僚除了收足中央額定的賦稅繳上去以外，更得設法籌措自己的行政費用。這就是說，各地本是有權向民眾求取非法的額外收入的，同時中央官員則乘機向地方官員分肥一部分。所以歷代專制政府雖然以整肅官常為口號，但實際上，官吏的一定限度的貪污卻是被默認的。清朝康熙皇帝就曾坦白地說過：「所謂廉吏，並不就是一文不取的意思。若是一絲一毫沒有甚麼收入，那麼居常日用和家人胥役何以為生呢？如州縣官止以一分火耗，此外不取便算是好官了。」所謂「火耗」是明清兩代賦稅制中的術語。州縣官向民間徵收錢糧，除了國定的稅額外，另加的額收歸於私囊的部分，便是火耗。康熙皇帝以為在一兩正稅上揩油一分的（百分之一）便算好官，但實際上當時的火耗都在一錢二錢（十分之一二）以上。既然無法絕對禁止貪污，那麼要加以某種程度的限制是不可能的。

貪污的結果是很顯著的。人民在官僚剝削下的負擔無限度地增加，國家的收入在官僚的侵佔下日益感到不足，而官僚機構本身由於貪污的流行，羣趨於如何賺錢的打算，政事便更加敗壞了。

所以歷來有句話道：「國家之敗，由於官邪。」這是說，專制政權的敗壞是由於官僚的貪污腐敗。但其實我們已看出，官僚的貪污腐敗又正是在專制政治下必然造成的結果。

又一種特殊
職業 —— 當兵

從車戰到騎戰步戰

當兵變成了專門職業

募兵・拉丁・世襲兵

軍權的集中和分散

「養兵千日」

一、從車戰到騎戰步戰

我們在讀《三國演義》的時候，對於其中所寫的戰爭的故事，都曾發生過很深的興趣的吧。讀着讀着，在我們眼前仿佛看見了一彪人馬，為首一員大將，穿戴着紅紅綠綠的盔甲戰袍，騎着高頭駿馬。遠處塵頭大起，又一隊人馬飛馳而來了。於是兩陣對圓，雙方通名報姓，鼓角齊鳴，兵對兵，將對將地廝殺起來。——這種情況和現代的使用大炮、飛機、坦克、機關槍的戰爭是何等的不同啊。

但是在如《三國演義》中所寫的戰爭情況以前，還有更古的一種戰爭情況。那便是在春秋戰國時期的車戰。那時的戰士都乘在用馬駕着的車子上，每一輛車子上大概可以容納十個人到二十個人。軍力的大小就以兵車數量的多寡來計算。我們很容易想像，這種車戰是很不方便的，在一片平原的中原地帶，用這種車子來打仗固然還可能，但一到山嶽地帶便不免發生困難了。而且使用車戰就不免限制了兵力的擴展，因為在古代的生產能力下，要大量製造兵車恐怕比現代國家大量製造坦克更要困難得多的。

但在戰國時期，已漸漸學會了騎戰和步戰。車戰慢慢地不佔重要地位，而且終於在歷史上絕跡了。

從車戰發展到騎戰步戰，這還不只是表示作戰方式的改變，而且在這裏面還反映着戰士成分的改變。

原來在春秋時期，當戰士是一種特殊的權利，只有屬於貴族身份的才能享受這種權利，一般人民只在作戰時臨時叫去當夫役，沒有資格做正式的戰士。那時當兵並不是專門的職業，所有的貴族都學過射御，作戰時便都能出征。而且當時雖然是列國並立，但軍隊並不屬於國家所有，而是屬於貴族世家所有的。合併各貴族世家的戰士才成為一國的軍隊。要置辦那樣華麗的戰車，高貴的甲冑兵器，也只有貴族才有這能力。當時在作戰中很講究禮節，雖然殺人的時候也還是一樣無情。那也是貴族軍隊的特色。這種由貴族組成的軍隊，自然不會很龐大。

在春秋時期的戰爭中，一方的軍力常不過數萬人（兵車數千乘），但到了戰國時期，出動兵力要以十萬計了。戰爭中的屠殺也是規模宏大而程度殘酷了。如秦將白起，在和趙國戰爭中，據說曾一次坑死了趙兵四十多萬。很顯然的，在這時候軍隊的成分已有不同，從征已

不是貴族的特權而是加在人民身上的義務了。所以軍隊的數量才能夠龐大起來。車戰也就不得不讓位於以步戰為主的軍隊了。這種變化也是合於專制統一國家產生的需要的。

假如我們從《三國演義》一類的小說中看古代戰爭，我們不免要上一個當，因為從這些小說中所描寫的戰爭情況看來，好像只有大將與大將交鋒，兵卒反而不佔重要的地位。這其實只是寫小說的人的不顧事實的描寫，因為在任何時期的戰爭中，軍隊的基本力量總是兵士。作戰的武器、方法、戰略、戰術越進步，就越需要更大量的軍隊。像近代戰爭中，作戰軍隊出動到數百萬人之多，固然是中國古代戰爭中從未有過的事；但在中國古代戰爭中，軍隊數量的多少，兵士品質的高下，士氣的盛衰，同樣是在戰爭中具有決定作用的。在臨陣交鋒時，將鬥固然也是一種方式，但並不是主要的一種；決不像舊小說中所寫的那樣，輕易地把兩個大將在陣前「大戰三百回合」，好像每一次戰鬥都只是取決於兩個大將的械鬥的勝敗似的。其實「一將功成萬骨枯」，戰爭的勝敗畢竟還取決於這些「枯骨」的。

歷代專制王朝是殫心竭力想法來組成、維持和控制

一個合於他所需要的軍隊。為了要維持自己的政權，無論對外對內，都不能缺少軍隊的力量。前面已經說過，統一的官僚系統不能組成或者腐敗渙散，那就使得這一代專制王朝無法維持其統治；而倘若統一的軍隊不能組成或者腐敗渙散，那就更是專制王朝敗滅的命運的徵兆。

在這裏，我們要談到三方面的問題，那是在歷代封建專制政治下的軍隊中的三個最根本的、難以解決的問題。第一，兵源的問題，就是怎樣源源不絕地獲得大量的兵卒；第二，軍權的問題，就是專制國家怎樣來控制軍隊；第三，軍費的問題，就是如何養活這龐大的軍隊。軍隊的強弱、兵卒的品質、士氣的盛衰，也就由這幾個問題來決定。

二、當兵變成了專門職業

當兵專業化的現象，是在我們考察秦漢以後歷代軍隊的時候，首先值得注意的事情。當兵成為專門的職業，甚至因而獲得在社會上的特殊身份和法律上的特殊地位，老死不能改業，往往連帶到子孫也只能擔負這種職業。── 自秦漢以後，各代兵制雖然變更甚多，但是這樣的職業兵是基本的形態。假如讀書做官是一種專門

的職業，而且是一種最高貴的職業，那麼當兵同樣也是一種專門的職業，然而是一種最低賤的職業。「士農工商兵」，這樣的說法雖是後來興起的，但很可表明從前在中國社會上「士」與「兵」這兩種人的身份地位。這就是說，讀書（做官）與當兵，一高一下，都是和從事生產勞動的多數人民隔離開來的特殊的人所擔任的事。

向來的歷史家認為，在有些朝代，如漢代、唐代曾實行過兵民不分的徵兵制度，但其實名義上雖是兵民不分，在實質上常仍是職業兵，而且很快地就公開轉變為職業兵的制度，並不能發展到如近代意義的真正的徵兵制。

為了要打破職業兵的制度，徵兵制本是最好的方法。徵兵制是使通國的人都有當兵的義務，按照一定期限施以軍事訓練，有戰爭時即加以徵用，訓練期滿或戰事完畢仍各遣回自己的本業。那麼自然不會有當兵專業化和兵民對立的現象；附帶的，在軍隊的動員復員上許多困難問題也可減少。但是要實行徵兵制，必須具備許多政治社會上的前提條件。在從前的封建專制主義時代，專制國家和人民既處於對立的情況下，社會的身份等級制度又相當嚴格，要認真實行普遍的義務兵役 ——

徵兵制，實在是不可能的事情。最通常實行的制度只是募兵制，而從募兵制下就只能產生職業兵。

我們不妨先從被稱為徵兵制的漢初和唐初的兵制說起。

關於西漢初年的兵役制度的歷史記載留傳下來的極其簡略。我們只知道，當時的情形是：從法律上說，人民中每個人似乎都有在一定期限內當兵的義務，一切軍隊中的兵員都不是固定的，戍守邊疆也由內地的人民輪流前去擔任。這在形式上看來似乎確是徵兵，但實際上卻並不然，因為同時有着出錢就可免役的定制，漢初人稱之為「更賦」。所謂「更」即指兵役，因為兵士是要經常更易的。其實「更」的名目有三種。一曰「卒更」，那就是按照法定期限，親去當兵；二曰「踐更」，就是富者用一定的價錢（每月二千錢），僱窮人代為從役；三曰「過更」，那是專行於戍邊的，名義上雖說人人都有戍邊去的義務（一說每人戍三天，又一說三月，恐以前一說為確），但實則既遠去戍邊，總難以立即回來，所以不去的人都交三百錢給政府，政府拿來給予戍邊的人，使他們長期幹下去。由此可見，當時軍隊中的兵士其實只是一部分的窮人，他們既被強制地服着自己名分上的兵

役，又在受僱傭的情形下代替其他許多人的兵役。他們中大多數人恐怕都是一經服兵役，即終身在行伍中了。由此可見，在實行這種制度時，已經有漸漸走向職業兵的趨勢。這制度在名義上也只實行了六十年，到了漢武帝時，便只能公開實行募兵制了。

隋唐的「府兵制」也被人指為徵兵。但其實相差更遠，而且府兵制在唐代也只實行於最初的數十年間。

這種府兵制在南北朝時北朝的最後兩個並立的朝代 —— 北齊與北周，已開其端。北齊的軍制據說是規定所有的農民都要服兵役，其實行的具體情形，我們已不很清楚。北周的情形知道得較多，是從農民裏面一部分人家，戶有三丁抽一丁，免掉他們的租稅，使他們在農事之餘習練軍事，把他們編成軍隊，稱為府兵。很顯然的，這種府兵制不過是表示有一部分農民拿服兵役來代替他們對國家應繳納的賦稅。國家以大地主的身份向全體農民徵收地租，向大多數農民所收的地租是實物的田賦，而對於特別選出來的一部分的農民則課以服兵役的義務。這並不是普遍的義務兵役，說不上是徵兵制；只是在農民中有一部分人一身而兼農民與兵士二任。隋代繼承北朝的這種制度，唐初更普遍化地實行起來。其辦

法，在基本上仍和以前一樣。但唐初實行這制度，沒有幾十年，其缺點已充分暴露了。府兵中逃亡現象很多，名列府兵內的殷實農戶更多不願出征，有事時則買貧戶來代替。尤其到了發生大規模戰爭時，府兵更不夠運用，不能不在原有府兵以外，另行徵募兵士，這就破壞了府兵制。而且府兵制的特色是兵士同時即農民，但若較長期地屯駐邊疆或經常作戰，兵士不能回到農田上，也就破壞了這制度。所以到了唐玄宗時，府兵制已全敗壞，不能不改行募兵了。

此外，在別的時期，在異族的統治的政權下，或在內亂時的軍閥統治下，常有強迫徵發農民去當兵的事情。如在漢初「七國之亂」時，吳王下令說，我年六十二，我子年十四，都要出征，所以全國人民中凡在十四歲到六十二歲的也都應一起出發。又如在南北朝時，北方胡人統治的國家中，常常為了發動一次戰爭，強迫地從治下農民中三丁抽一，或四丁抽二，甚至五丁抽三，來徵集兵士。又如在唐末五代時的地方割據的軍閥更是暴虐無道，只顧擴軍，不管人民死活，甚至有把一個區域中的全體壯丁都拖去當兵的事。我們倘以為這是動員生產勞動的人民去當兵，所以也可叫做徵兵制，

那自然是完全不對的。因為這根本說不上是甚麼制度，而只是無限度的強迫拉丁而已。既拉去以後，假如戰爭一直繼續下去，那些兵士也就永不能回到田地上去，而成為專門的職業兵了。

三、募兵・拉丁・世襲兵

這種強迫徵發的辦法不僅說不上是徵兵制，而且比募兵制更壞。各朝代最初實行募兵制時，其實都還含着改良的用意。要使人民肯來自動應募，也就不能不把兵士的待遇提高一些。譬如在漢武帝時，初行募兵制，其軍隊除了有一部分是由歸順的異族組成，其餘的據說都是「良家子」。所謂「良家子」的意思是出身於正式戶籍，本有正業，並非奴隸、罪犯、遊民一類人。其所以能使「良家子」自動應募，不外因為相當提高了士兵的待遇，並給以較優的出路的緣故。又如在東晉時，謝玄創行募兵制，建立了當時最強的一支軍隊，在淝水一戰中用少數兵力打退了北方苻堅的八十萬大軍的侵略。這固然因為是反對異族侵略的生死存亡的一戰，士氣易於振奮，但與士兵的品質也很有關係。因為在這以前的軍隊，多半是由於強徵奴僕而組成的，兵士的待遇和身份

完全和奴隸一樣。謝玄用較好的待遇，用自願的方式，從人民中募集兵士，所以才創建了能用以抵禦外侮的軍隊。

但募兵制只是以利祿來誘人當兵，使當兵成為專門的職業，其流弊當然很大。

當兵的利祿究竟有限，而且戰爭頻繁，軍隊擴大時，兵士的待遇總是日形減低，結果自願來應募的人仍只是些社會上的無業遊民、流氓、地痞之類。水旱災常使農村中出現大批流民，城市不能容納他們；他們沒有別的出路，其中的壯丁也就只好湧到當兵這個職業中去了。所以「好鐵不打釘，好男不當兵」成為民間普遍流行的諺語，其來源顯然是有很悠久的歷史的。

釋放罪犯，使充兵役的辦法在秦代和漢初早已行過。漢武帝時，最初雖限於從「良家子」中募兵，但以後為了戰爭的需要，也不得不採取這辦法，常一次徵發囚徒或無業遊民數萬人去打仗，甚至這幾乎成了擴大軍隊的唯一辦法。這種人本已流離失所，或被罪待死，自較樂於應募。但所謂發囚徒、發遊民，很顯然地已不純是自動應募，其中頗帶着強迫的性質。唐代於廢棄府兵制、改行募兵時，也曾走上強拉硬派的道路。有很多

描寫唐玄宗時的情形的有名的詩篇都透露着這消息。
譬如：

> 客行新安道，喧呼聞點兵。借問新安吏，縣小
> 更無丁。府帖昨夜下，次選中男行。中男絕短小，
> 何以守王城！肥男有母送，瘦男獨伶俜。白水暮東
> 流，青山猶哭聲。……（杜甫〈新安吏〉）
>
> ……翁云貫屬新豐縣，生逢聖代無征戰。慣聽
> 梨園歌管聲，不識旗槍與刀箭。無何天寶大徵兵，
> 戶有三丁點一丁。點得驅將何處去？五月萬里雲南
> 行。……（白居易〈新豐折臂翁〉）

這兩首詩，前一首所寫的還是府兵制沒有完全廢棄
時的情形。「府帖」的選兵當是調遣原屬府內的農民，
但這時的府兵制實已開始敗壞，所以府兵中多有「短小」
不堪勝任的人在內。但也許這所說的「次選中男」，已經
是從府兵以外的強徵，也未可知。至於後一詩所記的那
個人，毫未受過軍事訓練，更是強迫徵調。詩中雖用徵
兵字眼，但完全不是現代意義的徵兵，而只是募兵制發
展到了強派硬拉的情形。此外如杜甫的〈石壕吏〉詩篇，

更明白說出「有吏夜捉人」，連老婦人也要捉去，這自然是拉去充夫役，更可見當時徵兵役時的強制情形。募兵而發展為事實上只能以遊民、流氓、竊盜為對象，又不能不以強制徵發的方式來補充，當然就是最壞的情況了。——而這正是在歷代封建專制政治下的一般情形。

既然募兵中成分本來多半是無業遊民，那麼在每次戰爭以後要使之復員就是不可能的事。既已把這些人僱來當兵，就不得不繼續僱用他們。這些兵士，實際上都只能把當兵當做終身職業，除非他們因不願當兵而逃亡。一般說來，這種職業軍隊除了在作戰中瓦解流散或被消滅以外，是無法縮減的。唐、宋、元、明清各代的軍隊都是這樣情形。唐末五代時，內戰更是連年不斷，軍隊大都由強拉而來，士兵逃亡甚多，這時還採取了在士兵臉上刻字的辦法，使他們永不能改業為民。宋代也還繼行這辦法。

在當兵成為終身職業時，行伍中遇有空缺，往往就把兵士的子弟補充，這本是很自然的事。但由此，兵士專業化的情形顯然是更加鞏固了。甚至有時這種世襲的辦法竟成為一種制度。如在唐代初年有所謂「父子軍」的，那是皇帝的近衛部隊，共三萬人，其中兵卒老死

了，即以子弟填充，成為定例。明代初年的正規部隊名為「衛所」，其兵士都由開國時的軍隊中繼承下來，世代傳襲，規定不向衛所以外去徵募。不過這種衛所制度至明代中葉已敗壞，改行一般的募兵了。在那最重身份等級制度的魏晉時代，兵士的世襲制更是嚴格。當時的兵卒在法律上被特稱為「士」，以別於一般人民。他們不列入戶籍中，而有着特殊的「士籍」，並且「士家」只能和「士家」通婚姻。既入士籍之後，子子孫孫也都只能居於士籍中，也就是說，他們只好一直繼續着當兵，除非政府特許「除士名」，是斷不能改業的。

所以專制統治者雖然要靠軍隊的力量來維持統治，但對於兵士，卻只能用強制的手段來使之永遠成為自己所運用的工具。這使兵士的地位更降低到了極點。魏晉時代的「士籍」的固定化，是維持兵額的方法，但也是把兵士的地位極端地降落了。唐末五代和宋時在兵士臉上刺字，也不啻視兵士如囚犯，因為這本來就是對待竊盜的方法。唐宋以後，雖然沒有魏晉時那樣嚴格的士籍制度，但是當兵的人及其子孫沒有資格應科舉考試，其社會地位正與當時最被賤視的倡家和優伶同樣的卑微。

在異族統治中國時，其基本的武力也是世襲軍隊。

譬如清朝的八旗軍隊便是我們最熟悉的例子。蒙古人統治中國的元代也有以自己的部族兵組成的世襲軍隊，並且他們在招募來的異族軍隊中也建立了世襲制度。此外，在五胡亂華及遼金宋時期也都有同樣的情形。這種世襲兵本是遊牧民族中的部族兵的繼承；遊牧部族沒有專業的兵，每遇戰爭，人人都要拿起武器來。等到他們統治了中國後，原來的社會組織不得不瓦解，於是他們便把原來部族的武力繼續團結在世襲軍隊之中，使其永不致於渙散，成為維持種族的專制統治的最基本的武力。這種世襲兵，和魏晉時的兵剛好相反，是處於統治者的地位而坐食人民的供養，但其為固定的職業兵卻又是同樣的。

四、軍權的集中和分散

以上講的是兵源問題，現在我們來談在封建專制主義國家中怎樣統一軍權的問題。

固然政權統一是軍權統一的基礎，但同時維持統一的軍權也正是使統一的政權不致墜敗的一個必要條件。假如軍權分裂，地方勢力擁兵割據，那麼專制統一政權也就虛有其表，終於不得不崩潰。事實上，歷代專制統

治者在政治上的弱點使他雖盡力來建立統一軍權，總是會遭遇各種困難而趨於失敗的。

漢朝到武帝時建立了空前集中的統一政權。他實行募兵制，也是集中軍權到國家手裏來的一個步驟，因為在這以前那種兵民較為合一的軍隊，事實上只是分散在地方上的「郡國兵」。中央由募兵制而建立了強大的集中的軍隊，郡國兵便逐漸衰頹了。到了後漢光武帝，更明令廢止郡國兵，似乎統一的軍權可以長此不墜了，但實際上不然。因為地方官吏也同樣可以募集兵士，造成私人軍隊。到了東漢晚年，中央政權腐敗渙散，各州刺史、郡太守更紛紛擴充私人軍隊，形成割據，屬於國家的軍隊反而漸漸沒有了。漢代也就在這情形下滅亡。

漢以後三百多年間，事實上沒有真正的中央統一的政權，因此軍隊也常屬於私家而不屬於國家。魏晉時期在分裂混亂的局面下，一切強宗豪族都編練自己的武力，兵士成為私人的奴僕。那時期兵士地位之所以特別降低，這也是原因之一。從東晉到南朝的宋、齊、梁、陳，雖是在一較小地區內建立朝代，但軍權仍未統一在國家手裏。長江上游的荊州和下游的揚州有着兩個最強的武力集團。地方軍閥中，誰的力量最大，誰就起來覆

滅現存的朝代而另創新朝，這幾乎成了定例。所以朝代更迭特別迅速。由此可見當時的軍權實際上都操在地方軍閥的手裏。

這許多經驗教訓，使得以後各統一的政權更要力求採取較嚴密的方法來統一軍權。他們的基本方法就是使將和兵分離。因為在那時的政治情況下，一支軍隊倘從招募、訓練，以至領導作戰，一直在一個將領手裏，那麼這軍隊就會成為私人的勢力，而有可能脫離國家的控制。隋唐的府兵制就是使兵將分離的制度。平時府兵分居全國各地受訓練，一旦有戰事時，由政府臨時派出大將，調動若干府的兵力由他指揮，戰事結束後，兵散回各府，將仍回朝廷。明代的衛所制是同樣的情形。所以一般稱讚府兵制和衛所制的都說他們有兩個優點，除了後面將提到的不必耗財養兵那一點以外，還有一點，就是將不能擅兵權。清代的綠營兵雖然不合於前一點，還是發餉養兵的，但也滿足了後一要求。因為清朝本是把八旗軍隊當作基本武力的，對綠營這完全由漢人組成的部隊深加防範，所以在平時綠營的組織系統很散漫，戰時則抽調各地綠營兵，集合成軍，派將統領，目的無非使其不能結合成為一個特殊的力量。

這種制度雖似嚴密，但是並不能發生久遠的效果。事實上，只有中央統一的專制政權在政治上很鞏固的時候，才能實行這種控制軍隊的辦法。假如政治上已經渙散，這種辦法也就根本無法維持。而且在遇到戰事頻繁、邊疆多事的時候，固定的將和固定的部隊連接在一起的情形更無法避免。唐代便是個最顯著的例子。府兵制在天寶年間已完全廢棄。為了控制邊疆上的地區，不得不在邊疆設駐經常的重兵，從而形成了「方鎮」的軍閥勢力。中央漸失去控制方鎮的「邊兵」的力量，便只好力求擴充中央直屬的「禁軍」。而且因為害怕帶兵的人叛離中央，多委派投順的番將做方鎮長官（節度使），而把禁軍之權交給宦官。統治者以為番將和宦官被重用，當可因感恩圖報而忠順不貳，但結果禁軍在宦官手裏日益腐敗，而番將雄踞各方鎮，造成自己的勢力以後，也不肯安份了。安祿山、史思明（兩個當節度使的番將）的叛亂差一點滅亡了唐朝。安史之亂雖經平定，但是唐朝後期藩鎮勢力終不能剷除，當時全國所有的軍隊大部分都在這些藩鎮軍閥手裏，他們各自招募軍隊，選拔軍隊中最強悍的人做官佐，認他們做自己的乾兒子。他們就是用這種方式來維持私人的軍隊，而憑藉這軍隊力量來形

成割據。這種情形繼續了一百多年，終於使唐朝滅亡，繼之的五代十國的形勢，其實仍是唐末藩鎮割據形勢的發展。

宋代因為鑒於唐代的覆轍，所以採取了更嚴格的方法，根本不使地方上有軍隊。宋太祖「杯酒釋兵權」的有名的故事就是為了剝奪地方將領的兵權。宋代統治者在全國各地募兵，把強壯的都送到中央去充「禁兵」，老弱的才留在地方上為「廂兵」，但又並不給以真正的軍事訓練，所以實際上可說是地方上並沒有兵。地方和邊疆需要軍隊鎮守，都派禁軍去擔任，又不時加以調動，使得軍隊不能常駐一地，邊疆守將也不能經常統帶同一個軍隊。——但是宋代的方法雖然避免了唐代的覆轍，卻造成了雖養巨額軍隊，國勢日益不振的現象。

這實在是封建專制主義的軍隊中的一個基本矛盾。軍隊倘若由固定的將領來訓練指揮，常不免於脫離國家的控制，但若實行了兵將分離的方法，卻又必然減削作戰時的戰鬥力，因為在那樣的政治之下，以當兵為職業的士兵並不會有甚麼國家觀念，他們往往只在一個較有能力的將領的統帥之下才能訓練成精兵，在作戰時也多半只有「為主將效死」的觀念。南宋初年，岳飛、韓世

忠的軍隊能夠對金人取得較多的勝利，正因為他們的軍隊已不是過去的「禁兵」和「廂兵」，而是他們自行招募和訓練的，所以當時有「岳家軍」一類的稱號。韓、岳等人統領這些軍隊並非和宋政權對立，而是增強了抵抗外侮的力量，照理應能為宋政權所贊助。但因為宋政權擔心軍權的旁落比擔心失地不能收復更甚，所以秦檜的計謀被採用，岳飛冤死，而南宋只能一直往下地走向亡國。從宋以後，各代都沒有再發生像唐末藩鎮割據那樣嚴重的情形，這固然是唐以後中央專制政權日益強固的表現，但是像宋代那樣地追求統一軍權，卻只落得兵惰國弱的結果，仍是在明清兩代繼續重演的現象。如清朝的國家軍隊 ── 八旗與綠營到後來全部衰朽到極點，不堪作戰，在剿滅太平天國時，只能依靠新起的所謂「湘軍」、「淮軍」，而湘軍、淮軍事實上已成了私人的勢力。由這種湘、淮軍的傳統繼承下去，更一直引導到了民國成立後「北洋軍閥」的割據，軍隊完全成了私人爭權奪利的工具，其影響的可怕，更是我們所十分熟悉的了。

五、「養兵千日」

如上所述的制度，就使得國家經常養着大量的軍隊。為了「用在一朝」，必須「養兵千日」，這也是在職業兵制度下的必然現象。

正如官僚膨脹的現象一樣，專制政治的職業軍隊也同樣不能免於無限膨脹。如在唐代晚年，雖然有很多區域已在藩鎮割據之下，中央政府能統治的地區很小，但也因為內戰頻繁，非養大量的兵不可。憲宗時養兵八十三萬，到穆宗時相距不過十餘年，兵數已增為九十九萬。宋代開國初年，全國兵數不超過四十萬，但五十餘年後，真宗天禧年間，已近一百萬，又二十多年後，在仁宗慶曆年間，竟達一百三十萬之多。要養活這樣多的常備軍，不是很容易的事。唐憲宗時，政府所能徵賦稅的地區，只有一百四十多萬戶，平均以兩戶人家養一個兵。穆宗時供賦稅戶數雖增到三百三十五萬，但因兵數也在增加的緣故，平均起來，一個兵仍只靠三戶人家來養活。宋代因為外寇入侵，國境日蹙，而軍隊卻不斷增加，所以養兵之費最多的時候達全部國家歲入的六分之五。

官僚和軍隊本是專制統治權力的兩大支柱，對於專制統治下的人民實在沒有好處，但人民卻必須承受這負擔，拿自己的血汗來養活他們。結果是人民負擔不起，國家也對這龐大的養兵費感到棘手。

所以從來的政治家都企圖實現一種制度，能使軍隊在平常時候自己養活自己，不必動用國庫。漢代的屯田制，唐代的府兵制，和明代的衛所制的所以被人讚揚，這也是一個主要原因。明太祖行衛所制後，曾自誇道：「我養了百萬的兵，卻不費百姓的一粒米。」這種種制度雖有不同，但不外是令兵士除打仗的任務以外，更須自負種田的任務。

漢代戍守邊疆被目為苦差，武帝以後多徵發囚徒，使去邊地開荒，兼負戍守之責。到了三國時，因為內戰造成大量軍隊，人民又多死喪流亡，耕地荒棄，所以曹操把屯田制推行於內地；起初也收到了安定社會秩序的效果，但到了後來，兵士因為被迫着替國家負當兵種田的雙重苦差，其社會地位乃落到一般公民以下。唐代府兵制已如前述，是選出一部分農民，使其一面種田，一面即在農隙受軍事訓練。明代的衛所也是屯田的性質。── 這種種辦法，在不能實行徵兵制時，未始不

是好辦法；但是在封建專制主義政治下，究竟難以繼續推行。屯田制下的兵，比起一般農民來，多一種當兵的義務，同時又比被僱用的職業兵多一種束縛，即是他們對國家還處於佃農或農奴的地位，而直接受着經濟的剝削。明代衛所制下，兵士耕種所獲不僅供養自己，也供養軍官，而且出征時必須攜帶的各種用具，一概全由士兵自備。這在當時的政府看來固然很合算，但在兵士看來，究不是樂於從事的。所以屯田制、衛所制終究還是行不通，不能不為純粹的僱傭兵制所代替。府兵制雖似較好，因兵士可以免除賦稅而自行耕種，但也如前所述，行之不久，即已廢棄了。

所以，一般說來，歷代的軍隊是由國家把國庫中的收入 —— 也就是人民的血汗的聚斂，來養活的。而且既養着大量的軍隊，倘不拿來對外作戰，就不免鬧亂子，成為內戰的一個因素。一旦發生對外戰爭或內戰，自然又使耗費格外增加了。所以養兵費和戰費的支出激增，常成為促成歷代政府財政危機的一個主要原因。

在這裏，我們還不要忘記官僚的作用。當官僚腐蝕着整個專制統治，破壞其財政的時候，軍隊也同樣受到他的勢力的支配。明末軍隊和清代的綠營最充分表現着

這種情形。所有的軍官幾乎都拿軍職當做撈錢的機會，向上報告兵額時以少報多，向下發給軍餉時橫加侵佔，因此政府雖然耗費鉅款養兵，而士兵的待遇總是很低。本來，當軍隊不斷擴大之際，除了皇帝的近衛軍隊，或統治者特別培養的基幹武力（如清朝之八旗），一般軍隊中額定的餉額是很低很低的。

當兵既成為專門職業而和一般生產人民截然分離，又因平日待遇微薄，更無自尊心，所以一到作戰時，自然說不到愛護人民的軍紀。由此，兵士更成為一般人民害怕、憎恨和賤視的對象。「賊來如梳，兵來如箆」，這兩句在明、清兩代非常流行的諺語，充分表現出封建專制統治者所培養出來的軍隊在民眾間所造成的印象。

由此不難明白，為甚麼封建統治者雖然「養兵千日」，但到了最緊急的「一朝」，他的軍隊卻並不能發揮很大的作用。固然在漢、唐、明、清各代也有所謂武功極盛、軍力很強的時期，但都只能維持一個較短的時期。漢、晉、宋、明各代所遇到的遊牧部族的入侵，本非很強大的力量，漢、唐、宋、元、明、清各代又都發生過農民起義，這種農民自發的騷動，起初也只好算是烏合之眾，但就在這種並不太強的敵對力量前面，封建

專制統治者平日所蓄養的百萬雄軍，常常一朝渙散，土崩瓦解！

當然，軍事上的危機（具體地表現於將驕兵惰，士兵的逃亡，組織力的渙散，戰鬥力的消失等……）的根本原因還是在於政治上。在和人民根本對立的封建專制主義的統治下，只能採用以強拉硬派方式為補充的募兵制，造成與人民分離甚至對立的職業軍隊，也就必然引起這種軍事危機。而軍事危機的加深，也就加速了封建專制主義在財政上、政治上的危機。

和這種職業的軍隊相對立的，有所謂人民的軍隊。我們從現在的戰爭經驗中，已懂得了只有人民的軍隊才是有力量的。但封建專制統治者當然建立不起來真正的人民的軍隊的。除了在春秋（以至戰國）時，軍隊的構成分子只是少數的貴族以外，歷代的軍隊的構成分子本都是人民，但封建專制統治者卻必須使這些兵士，雖然從人民中出來，卻成為以當兵為特殊職業、終身職業的人，而和一般人民隔絕開來。這是因為專制統治者並不願意讓他的軍隊真正去衛護人民的利益，他也不可能提出為人民所擁護的戰爭的目的。

但在中國歷史上有沒有過人民的軍隊呢？也不是絕

對沒有。我們可以從農民起義和反外族侵略中看到人民以志願的方式結合起來的軍隊，那可以說是人民的軍隊的雛形。下面我們將另有機會談到。

一切寄託在土地上

個體勞動的小農經濟

誰是土地的主人

農民出穀出錢又出力

千災百難下的農民生活

我們已經談過，封建專制主義者建立了層層節制的官僚機構和職業的僱傭軍隊，這樣來維持其統治秩序。但當兵的人是從何而來呢？養兵和養官的費用又是從何而來呢？

當兵的人是從農村中來的，養兵和養官的經費也是從農村中來的。農業是封建時代的社會經濟的根本，農村是封建時代的政治的基礎。

在封建時代，人民的生計，國家的財用，一切都寄託在那繁生百穀的土地上。

至今農民在全國人口中還佔百分之八十以上。在過去的封建時代，農民的數量自然更多。那時的人民大眾其實就是農民。千百萬個從事農業勞動的家庭，自然都是把他們的生命寄託在土地上面的。

一切不從事勞動的人也是依靠土地為生的。一切地主、官僚、貴族，以至整個專制統治的國家機構，都是以農民的勞動、土地上的收穫來供養自己的。

要懂得中國，必須懂得中國的農村；要懂得中國的歷史，必須懂得中國農村的歷史。

一、個體勞動的小農經濟

早在殷代，中國社會中，畜牧業雖然還很發達，但主要的生產勞動已經是農業了。這就是說，農業在中國已經有了三千數百年的歷史。

但是三千年前的農業情形，和後代的情形不同。首先使用的農具就是不同的。那時的農具以木頭做成的為主，部分地使用石頭和銅。

從木製的農具到鐵製的農具是一個重大的進步。中國人知道用鐵是從春秋、戰國時期開始的。可以想像得到的，在初期，鐵的開採量還不多。不能在到處農村裏都使用鐵器。直到漢代，也還有很多貧苦的農民只能用木製的耕具。但畢竟從漢代起，鐵器是開始被普遍地使用了。

和使用鐵器同時，又開始了耕畜的使用。孔子的學生中有一個名叫司馬耕的，字子牛，可見那時已知道用牛耕田了。在未用牛力以前，是由兩個人並排拉着耒耜而耕的，那叫做「耦耕」。春秋、戰國時代，有很多農民沒有牛，仍只能採用「耦耕」的方法。到漢代，牛耕漸漸普遍，但是貧苦的農民也還是不能有牛。直到現在，

也還有養不起牛的農民只能用人力拉犁的。

這種在勞動工具和生產技術上的改進具有很重大的意義，因為使用了鐵器和耕畜以後，就使農業勞動生產力顯著地提高了。但是自從這一次大的改進以後，繼續兩千年之久，直到現在，卻再沒有同樣意義重大的改進。拿現在在田裏勞作的小農民和兩千年前的農民比較，在其所使用的農具和耕作方法上，可說是沒有甚麼本質上的差別的。

這自然不是說，在這兩千年中，沒有任何進步。拿最主要的耕具犁來說吧，在現在的農村中，我們可以遇見各種形態不同的犁，有比較拙劣的，也有比較靈巧的，這從拙劣到靈巧正可表現長期歷史中的演變過程。此外在施肥、灌溉，以至運用風力、水力各方面，也都曾不斷地有過進步。但這些進步並不具有那樣重大的意義，這是因為，這些進步還是停留在小農經濟的個體勞動的範圍內，還不能衝破這個範圍。

所謂個體勞動就是以個別的家庭為單位從事勞動生產，運用一個家庭內的有勞動能力的人，獨立地在一小塊土地上耕作。－－這是兩千年來農業勞動上的基本形態。我們的農村中至今襲用的簡單的農具和耕種方

法，恰恰是和這種個體勞動形態相適合的。最早在殷、周時期，因為農業勞動生產力還十分低下，必須集合相當多的耕作者在比較廣大的土地上耕作。那時的耕作者是奴隸的身份，他們的主人用鞭子驅策着他們全力耕作，吮吸盡他們的血汗。後來由於使用鐵器和耕牛而使生產力提高以後，個體勞動形態才能產生，因為到了這時，個別的小農家雖只靠少數的人力和小塊的土地，已可能維持自己的生活，並且除了供給自己的必需生活資料以外，還能夠提供出一些「剩餘勞動」和「剩餘生產品」了。

個體勞動形態的產生，一方面固然是勞動生產力提高的結果，但是另一方面又成為障礙勞動生產力更加充分提高的原因。因為以一個家庭中的少數人力來在小塊土地上耕作，究竟不可能在技術上作更大的改進，並且這些農民雖非奴隸，但也不是自由人，他們是受着地主剝削的農奴 —— 佃戶，常常是被剝削得連最低的生活也難維持，生活的貧困使他們甚至連既有的耕作方法也不能充分使用，如缺乏耕牛便是最顯著的例子。在這種情形下，勞動力的提高自然是不可能突飛猛進、不斷增長的。

在中國社會中，千百年來流傳着「各人自掃門前

雪，休管他家瓦上霜」一類的諺語，那正是以個體勞動為基礎的小農經濟生活的反映。每一個小農家便是一個獨立的經濟單位，可以用自己的勞動生產品供給自己，不必依靠別人，可以不到市場上去買甚麼生活必需品。在這種小農經濟生活下，手工業和農業是緊緊地結合在一起的。男耕女織是典型的農家生活，他們除了耕種穀田菜圃外，還要種一些桑田或麻田，用桑來養蠶織絹，用麻來織布。這樣，每個農家就都靠自己的勞動來解決了衣食兩大問題，更使自己能夠成為獨立的經濟單元了。至於紡織的工具和方法，自然也和在農耕上一樣，是與個體勞動的條件相適應，而停留在極簡陋極原始的家庭手工業形態上的。

棉花是在元代以後才從外國傳入中國的。雖然在明、清，城市中有專門的棉紡手工業工廠，但棉花的種植和棉布的紡織，一般地還是當作分散的小農家的副業。商業的發展在中國社會固然已有了極悠久的歷史，但是封建時代城市商業的發達，並不足以改變社會的生產制度；它只是參加了對農民的剝削，加深了農民生活的苦難。

近一百年來，中國農村更是歷盡了風波。外國的商

品 —— 主要是棉織品，向農村傾銷，開始打破農村中的家庭手工業和農業的結合；城市中工業的開始發達更對整個農村起了嚴重的摧毀作用。但是中國工業發展畢竟是在半殖民的狀況下，仍沒有能把舊的農村社會關係完全破壞，只是農民的生活更加不安定了。在這一切風波變動之下，個體勞動的小農經濟，雖已百孔千瘡，還是頑強地支撐着存在。由此可見它是有着何等根深蒂固的歷史根源。

我們必須知道，這種落後的個體勞動的小農經濟正是封建專制統治所依靠的基礎。歷代專制政府在農業政策上的最高理想，就是使所有的小農家各自守着一小塊土地好好地從事耕作，因為這情形是最便於他來統治和剝削的了。封建專制主義者一面儘可能地要保障這種小農經濟的農村社會秩序安定，一面則儘可能地加以榨取。他之所以要保障其安定，正是為了榨取的方便，但無限度的榨取又必然使農村不能安定。—— 這是很顯而易見的歷史事實。

二、誰是土地的主人

照「普天之下，莫非王土；率土之濱，莫非王臣」

這種說法看起來，就是一切土地都屬於國家所有，皇帝以國家代表者的資格而做一切土地的主人。全國人民中以農民佔絕對大多數，所以可以說，全體人民——農人——都是皇帝的佃戶。皇帝——國家——自然就有權利向一切農民徵收地租。照我們現在的說法，私家地主向農民徵收的是「地租」，國家所徵收的是「田賦」。但租和賦的名目的區別，是到宋代才開始，在那以前，國家徵收的田賦也叫做租。

我們先從漢代的情形看起。漢代初年的農民，大多數都能每家有田「百畝」以供耕作。但當時所謂「百畝」不過相當於現在的三十畝。這些小農家終年勤勞，除了在最低的生活程度上養活自己外，全部的剩餘勞動和剩餘生產物都被國家徵去了。聚集了千百萬小農家的血汗，便構成了漢家天子的尊榮。

但那時也並不真是土地全部是皇家所有，因為從戰國時期開始，土地是可以在私人之間買賣的，漢朝也不能禁止土地的自由買賣。於是經商或做官而發了財的人可以廣置田產，在政治上有特殊勢力的人更可以倚勢併吞小農家的耕地，皇帝也常把大片田地賞賜給「功臣」。所以在漢代豪強兼併土地的現象越來越厲害，甚至成為

一個嚴重的社會問題。私家大地主有擁田達數千頃的。失掉耕地的小農家無路可走，只好投身豪強大地主門下做佃客，或甚至賣身為奴。漢代有許多大地主還是用奴隸勞動來耕作的。

這些大地主中，有些是有權不納國賦的，有些是雖有納賦義務，但可以仗勢不理。所以地主和專制統治者，雖然同樣以剝削農民為生，基本的利害一致，但是地主勢力的過度膨脹卻也對漢家天子不利。這種地主勢力，假如發展到把某一地區的土地完全壟斷，使國家的財權，以至軍權、政權都只能退出這個地區，那就形成了地方割據勢力。漢末王室衰微，地方軍閥割據稱雄，造成分裂局面，其經濟基礎正是在此。

這是漢代的情形，以後封建專制主義的各代，大體上也有着與此類似的情形。我們不妨再來談一下魏晉以後的「均田制」，因為這是最明白地表現着專制統治者想以地主的身份來直接控制全國小農家的企圖。

漢末三十年的軍閥混戰的結果使得人民流離失所，土地荒蕪。曹操就把所有的荒地直接收歸國有，派官管理，實行屯田，先是「軍屯」，後來是「民屯」。屯田的耕種者和官家按照一定比例分配農產物，那時的比例

是：用官家的牛的，屯民得四分，官家得六分；農民自己有牛的，對分。由此可見，當時的政府不但是田主，而且是牛主。農民顯然只是政府的佃戶。西晉承繼這制度，更把地租提高了，有高到二八分（用官牛）和三七分（用私牛）的。但在魏晉間，私家大地主勢力也漸漸興起了。貴族官僚世家都擁有廣大田莊，包庇着多數佃客，不納國賦。所以西晉政府就從事於兩方面的努力：第一是限制大地主的土地所有，第二是分配土地給小農家耕種，使之直接向國家繳租賦。當時稱為「佔田制」。其辦法是規定各級官員依據其品級高下得佔有若干土地，也規定每一農家可以分配得若干土地。雖然在西晉，這兩方面其實都沒有成功，既不能真正抑制豪強權貴的兼併，也不能保障所有的農民都有耕地，但是這制度是做了後來的北朝和隋、唐行均田制的藍本。

東晉時，江南原來的私家大地主勢力很大，新遷來的權貴們也紛紛佔奪土地，實行兼併。東晉和以後的南朝各代，政權都不穩固，變亂相承，正由於這經濟上的根本原因。但在北方不同，因為北方經過了很久的戰禍，社會經濟大受摧殘，原有的地主很多都逃走了，所以到了元魏統一北中國時，有着大量的荒田。鮮卑統治

者就佔奪了這些荒地，招收流民，分配耕種，使這些農民直接做國家的佃戶。以後的北朝的齊、周，以至隋、唐，都繼行這個制度，也因為在這各代開國之初，都曾經過嚴重的戰亂流離之故。

這裏拿唐代的均田制做例子。按當時規定的辦法，有「永業田」和「口分田」兩種，每戶人家可得到二十畝的「永業田」，算是農民私有的，規定必須用來植樹種菜，尤其是栽桑。凡男子在十八歲到六十歲的可以分到八十畝的「口分田」，這是穀田，在本人死後要由官家收回，另外分配給別人。當時一般地規定，無論是「口分田」還是「永業田」都不得買賣，但也有例外，比如在人死後，家屬無力葬送或遠去他鄉者，得出賣「永業田」。對於「口分田」的買賣，限制得更嚴一點。和對於農民分田的辦法同時實行的，也有對貴族官僚佔田的規定。如在貴族中最高的親王可以有一百頃的「永業田」，官員中最小的「從五品」官有五頃的「永業田」，最大的「正一品」官有六十頃。官員的俸祿也是給付以田地的（稱為「職分田」），如一品京官的俸祿是十二頃，九品京官是二頃。

這所謂均田制雖然是專制國家作為地主而直接剝

削千百萬小農家的制度，但是在各代都並不是普遍執行的，因為這並不是把一切豪富的土地剝奪下來分配給農民，而只是分配荒地。私家大地主仍能存在。而且專制統治者還以對貴族官員分田賜田的方法造成大地主，再加以田地買賣雖有限制，並未禁絕，更使權貴豪富得以實行土地兼併。事實上，土地的買賣和兼併，是經濟發展的自然趨勢，也不可能禁絕。到了唐朝中葉以後，大地主勢力更盛，地方軍閥割據分裂，均田制遂不得不歸於消滅，此後各代再也不能重行這制度。

唐代後期和以後各代都容許大地主的存在和發展，不加以任何限制。這些地主多半是貴族和官僚，也有廟宇的僧侶成為大地主的。他們往往擁地數萬畝，有佃戶百千戶。在唐、宋，農村中有很多「莊園」，那都是大地主的產業。地主和莊園主人向農民收租，國家向地主收賦，所以在宋代，租賦二名有了區別。但很顯然的，田賦還是由地租中來的，可以說是專制統治者和地主分享着農民所供給的地租。至於有着特殊勢力的大地主，仍往往可以繳納極輕的賦，或完全不納，他們在自己所管轄的田莊內，役使着佃戶農奴，儼如一個小小的帝王。皇家也建立私有的莊園，那自然是最大的莊園，如明、

清的皇莊都有數萬頃之多。

原來到了唐、宋以後，因為水利興修和耕種方法的進步，農業勞動生產力較前代提高，所以專制國家和私家地主可以一起向農民更多地勒索。生產力的提高對於農民沒有好處，只是使他們勞動的結果供養了更多的人，因為土地不是屬於他們所有的。

中國的土地畢竟廣大，雖有許多田地被大地主佔為私家的產業，也還有很多小自耕農家。如在宋代神宗元豐三年（1080 年）的一個統計，在一千五百萬戶農戶中，有將近五百萬戶是莊園中的佃農、農奴，還有一千萬戶是獨立的小農民。這一千萬戶農民在名義上雖然是他們所耕種的土地的主人，但是實際上卻要在各種賦稅的名義上納極重的地租給國家，他們對於所耕種的土地，其實只好算是有着永佃權，並且貧苦的生活使他們常常有失去他們的土地而變成皇家或私家的田莊上的佃戶農奴的危險。

由此可見，兩千年來的農民都是過着被奴役的生活，整個專制帝國是由他們的血汗直接間接供養着的，但他們從來不是他們所耕種的土地的真正的主人。

三、農民出穀出錢又出力

為甚麼「租」、「賦」二字會被混同使用呢？那是因為在實際上，那時的田賦實在就是國家向農民徵收的地租。

一般說起來，在封建社會中，地主是把農民的全部剩餘勞動，以至必需勞動中的一部分都剝削下來，作為地租，使農民只能用極少的勞動生產品來勉強維持自己的生活。專制國家所徵收的賦稅正是如此的。繳了賦稅以後，農民的所剩，的確是連自己的最低生活都難以維持了。

在戰國時，魏國的李悝曾給農民算了一筆賬。他說：一個五口人的農家，耕田一百畝，每年每畝可收粟一石半，共一百五十石。除掉「十一之稅」（十分之一的稅）十五石，還剩一百三十五石。每人每月要吃一石半粟，五個人一年共需九十石，剩下的只有四十五石了。穿的每人每年平均用錢三百，一家共需錢一千五百，這等於五十石粟（粟一石值錢三十）。—— 這樣算起來，這個耕田百畝的農家，繳了「十一之稅」以後，連必需的衣食已難維持了。何況農家除了這最起碼的衣食而

外，也還有別的必需用費，而且「十一之稅」只是額定的正稅，事實上還有其他種種賦稅加在每一個農民身上。（對這筆賬應該說明一下的是：當時的「畝」和「石」都比現在的小。「百畝」約抵現在的三十畝，「一石」約抵現在的一斗。三十畝只產粟十五石，可見當時勞動生產力之低。所以雖是十一之稅，也不是農民所能勝任的。）

到了後代，勞動生產力漸漸提高，國家的租賦也跟着加重了。漢代的田賦算是極輕的，只收十五分之一乃至三十分之一。但是還有其他種種名目的賦稅，如每個農民都必須交納的人口稅，其實也是田賦的變相。所以漢代當時，已有人指出，在實際上，農民需繳百分之五十的稅。漢以後各代，農民負擔的賦稅都不少於此數。

農民對於專制國家的實際負擔，還不只是以農產物或銀錢繳納的一部分。封建地租本有三種形態，就是力役、實物和貨幣。封建專制國家也曾在這三種形態下榨取農民。以貨幣交田賦是從唐中葉以後才有的，但在用貨幣時，也兼行力役和實物的榨取。在不用貨幣的時候，更是一面要農民以勞力服役，一面又徵取其勞動生產品 —— 以穀物和布帛為主。如漢代規定，農民每年要

擔負一個月的徭役勞動和三天的戍守邊疆。在行「均田制」的各代，也是力役和物租並取的，如唐代行均田制時的賦稱為「租庸調」法，「租」是穀物，「調」是布帛，「庸」就是徭役（當時的規定是每人每年服役二十天）。租庸調法和均田制同時消滅，唐後期行的賦制稱為「兩稅」制，即以「租庸調」三者合併為一，只有以錢或實物交納的一種田賦。但是事實上，農民仍不免於差役之苦。宋代、明代的農民也都有為官家服役的義務，都可算是農民對國家以力役充租賦的性質。

田賦是封建專制主義國家的財政收入中的最主要的一項，像在清代乾隆三十一年（1766 年），國家總收入是銀四千萬兩，其中屬於田賦項下的收入是三千二百萬兩。可以說，在專制統治者的財政收入中，絕對大多數是取之於土地上面，從農民的血汗中剝削下來的。（至於間接地看起來，封建時代的一切商業稅和別的稅，最後也都還是轉嫁在農民們的身上的。）但是光從國家田賦收入上，還不能知道農民的全部負擔總數，因為歷代的地方政府的開支和官吏薪給多半直接取之於當地的田賦和別的稅收中。再加以地方官員和收稅的官吏還要巧立名目，中飽浮收。像在清代，政府規定江南應繳

給國家的米糧是每年四百萬石，但實際上江南人民要繳一千四百萬石，那一千萬石便成為各級有關官吏的中飽了。由此可見，農民的負擔是何等的沉重！

在唐代以前，地主們幾乎完全不負擔國家的賦稅。唐代行均田制以後，國家按田畝收賦，屬於大地主的田地自然也有繳納國賦的義務；但是實際上，因為大地主多半是官僚或退職的官僚，具有特殊權勢，所以都能仗勢不繳，逃避國稅，或隱瞞其田畝，以多報少。所以田賦的負擔主要的還是落在貧苦的小「自耕農」身上。地主們縱有所負擔，但是不消說的，這些負擔仍是轉嫁在佃種他們的土地、向他們繳納地租的農民身上的。

私家地主對於農民的剝削也是很重的。唐以前，常有人把國家向農民所徵賦額和地主對農民所徵租額相比較，來指斥地主收租太重。這二者可以對比，也正足以表明國賦原來就是地租。漢代人說，國賦只有十五分之一，而擁有土地的豪強，把土地分給小農種，卻要上十分之五的租。（但我們上面說過，國賦十五分之一其實只是名義，實際上國家和私家地主對農民的剝削不相上下。）唐代也有人記載說：長安附近，一畝田官稅五升而私家收租卻有五斗到一石之巨。

農民對於地主，大都是以實物交租。也不止是穀物，還有其他種種實物。清代的小說《紅樓夢》中曾記載，在快要過年時，寧國府家的黑山莊烏莊頭前來繳租，書中列着所繳的租的清單，其中有豬、羊、鹿、獐、魚、蝦、雞、鵝、炭、米、乾菜以至熊掌、鹿筋、海參、鹿舌，等等，還有一部分實物折成了銀子繳來。從這裏可以看到這官僚地主家庭對於他的田莊上的農民的剝削情形。大觀園中的繁華原來也是建築在農民的血汗上面的，賈珍向烏莊頭說得好：「不向你們要向誰要？」

除了物租以外，農民對於地主也有供奉勞力的義務。地主可以在一定時期內或甚至無限制地役使他們。在漢代、晉代，對於做了大地主的佃戶的農民，國家的權力就不能達到，不能向他們徵稅徵役，這就叫做豪強包庇民戶。但這些農民脫離了國家的權力後，卻落到私家大地主的權力下，實際上成為農奴，就是說他們不僅繳納生產品做地租，而且失掉了人身的完全自由，聽憑地主役使。在唐、宋大地主的莊園中的佃戶也都還是農奴的地位。

宋以後專制統治更加強，也表現在這一點上。國家的權力漸漸無孔不入，他既向地主徵賦，又使地主不能

「包庇」農民。於是農民既要向地主繳很重的租，間接向國家繳賦，又要負擔國家的其他雜稅，並應國家的差役。他們的負擔比起僅僅負擔國家賦稅的自耕農是加倍沉重了。

四、千災百難下的農民生活

由以上所述，已可見在專制主義下的封建社會中的農民生活是何等痛苦。要把農民的痛苦全部寫出來，決不是在這簡短的篇幅中所能做到的。

有許多寫「田園生活」的詩和文章把農民生活寫得十分悠閒自在，但那其實出於不是農民的士大夫詩人的想像。漢代的晁錯曾用這樣的話素樸地寫出了農民的生活：「春耕夏耘，秋獲冬藏。春不得避風塵，夏不得避暑熱，秋不得避陰雨，冬不得避寒涼。四時之間，無日休息。」正是因為所用的勞動工具很簡陋，又是在個體勞動的形態下，所以農民在生產中不得不支付極繁重的體力勞動，把他們的全部精力都花在土地上面。

但勤苦的勞作並不能保障他們的最低的生活。漢時又有人寫農民生活說：「男子力耕，不足糧；女子紡織，不足衣服。」這是說，勞作的結果卻是穿不暖，吃不飽。

那麼穿吃甚麼呢?「貧民常衣牛馬之衣,而食犬彘之食。」農民們過着牲畜一樣的生活。

上引晁錯的文章中又指出,農民們不僅勤勞,而且是「尚覆被水旱之災,急政暴虐,賦斂不時,朝令而暮改」。這是把天時的災害和政府的苛斂並列為使農民生活痛苦的原因。

對於封建時代的農民,「天災」並不是偶然的事變,而是經常可能遇到的威脅。

黃河對於農民的災害是最可怕的,它在歷史上有過無數次的決口、氾濫乃至遷徙河道。如在 1194 年(南宋光宗時),黃河下流原來從開封以下是向東北流的,這時忽然轉向了東南,經徐州,到洪澤湖北岸,過淮安以北而入海。在 1852 年(清咸豐時),黃河又拋棄了這條東南的水道,回到了北方。這兩次大遷移所災及的區域縱橫都有千里。滔滔的洪水淹沒了幾萬頃農田,無數的農民葬身在洪水中,無數的農家失去了家產耕地,那情形是極可怕的。但這不過是規模最大的兩次水災,黃河和別的幾乎一切主要的河流造成的災害,以及旱災、蟲災和別的種種的「天災」,在歷史上都是不絕發生的。

農村對於封建統治者的關係既是那樣密切,所以他

們也不能不注意到防止和救濟「天災」的問題。治河築溝渠這一類防水旱以利農田的事業總是列在要政之內的，常為此而花費極大的財力和人力。固然當時的技術條件限制着這些事業的成就，而腐敗的官僚機構卻是更大的妨礙。這些本為利民的事業不但常做不到可能的程度，而且往往反而擾害了人民。歷代政府常以治河名義向農民大量地徵工徵錢，但治河的官僚們卻把這官職當做發財的肥缺，並不真去治河；他們也不願意把河治好，因為真治好了，他們就沒有官可做了。

封建統治者既不能防止「天災」，救濟也常只是空話，更因為農民平常受剝削受掠奪太甚，所以完全喪失了應付任何突發的災害的能力，更無力補償所受到的損失。在這種情形下，自然是只要一點「天災」都可以擴大到不可收拾了。

由此可見，使農民生活困苦的根本原因還是在當時的社會政治關係上。正是所謂「急政暴虐，賦斂不時」，地租、賦稅、徭役、兵役交相逼迫，壓在農民頭上，使他們喘不過氣來。地主欺凌他們，官府壓制他們，他們在政治上沒有任何地位，甚至連訴一句苦的機會也沒有。他們過着飢寒的生活，而且常常只能過着半自由的

或甚至是不自由的生活。一遇到災荒和戰亂，他們的生活更是受到嚴重的摧殘。

至今各地民間流傳着的〈孟姜女〉小調可以代表兩千年來在封建專制主義的力役制度下的農民的苦痛的呻吟。就是屬於士大夫的詩人們也曾有些說出農民的這種痛苦的作品。唐朝的杜甫、白居易寫過很多這一類的有名的詩篇。在這裏，讓我們來舉一首五代時的杜荀鶴的詩。五代是亂世，農民受剝削蹂躪極重，杜荀鶴有首詩記一個山中寡婦說：「夫因兵死守蓬茅，麻紵衣衫鬢髮焦。桑柘廢來猶納稅，田園荒後尚徵苗。時挑野菜和根煮，旋斫生柴帶葉燒。任是深山更深處，也應無計避徵徭。」田地已經荒蕪不能耕了，但租稅還是要繳，無論躲到怎樣的深山裏，官家還是要來徵服徭役。這是何等悲慘的情況！

我們在談農民生活時，還應提到因商業發達而加深了農民的災難，晁錯在漢代已指出這事實，農民為應賦稅的急需不得不把生產品出賣，或以加倍的利息借債，以至不得不賣田地賣子女來還債，而商人則坐享其利。這正是商業資本、高利貸資本侵入農村的現象。唐宋以後，商業日益發達，農民在這方面更是受苦很大，既受

穀物貴賤的影響，又受高利的債項的束縛。五代時又有人作詩說：「二月賣新絲，五月糶新穀。醫得眼前瘡，剜卻心頭肉！」經營商業和高利貸的人也參加了對農民的剝削，使農民更加翻不過身來。

　　宋代的司馬光寫當時的農民生活說：「水旱、霜雹、蝗蟲間為之災，幸而收成，公私之債，交爭互奪，穀未離場，帛未下機，已非己有，所食者糠粃而不足，所衣者綈褐而不完。直以世服田畝，不知捨此之外有何可生之路耳。」這是何等沉痛的寫實。但是司馬光以為，農民無論怎樣痛苦，總不改業，因為他們不知道在種田以外，還有甚麼路可走。這話卻應該加一點補充。讓我們想一下看，在那封建社會中，農民縱想改業，有甚麼路可以讓他們走呢？在資本主義社會中，農民可以轉移到城市中去做工；但封建社會的城市卻絕對容納不了那麼多的破產農民。所以農民被緊緊縛在土地上面，只好一代代忍受着極端痛苦的生活，守着一小塊的耕地。到了連這一小塊土地也不可能繼續耕種的時候，弱者只好離鄉背井，去做飢餓的流民，強者就落草上山，鋌而走險了。

大地下的撼動

一、農民創造了奇跡

封建專制主義時代，在文化建設上的確有極驚人的表現。橫亙萬里的長城，貫穿南北的運河，這種偉大的建設是至今猶博得人們的讚歎的。但這一切是誰的功勞呢？不能否認的是，這是千百萬農民拿他們的勞力、血汗以至他們的生命做代價而創造出來的。封建社會中繁華的城市，富麗的宮廷，離開了農民也都歸於烏有。農民不但在物質文化上有功，就是在精神文化生活上也有其貢獻。雖然他們所直接產生的藝術是比較粗糙的，但是被士大夫拿去加了工，就成了樂府、詩、詞、曲、小說種種在形式上很精緻的東西。士大夫的藝術創造之所以能在歷史上不斷地日新月異，也不能不歸功於農民的豐富的創造能力。而且倘沒有千百萬農民在下面擔負着社會生產的任務，上層社會哪裏有餘裕來從事思想和藝術的活動？那些像牛馬一樣地生活着，也像牛馬一樣地勞作着的農民，雖然常常無名無姓，默默無聲，但沒有他們就沒有一切在歷史上的輝煌的事物。

但農民在歷史上老是默默無聲的麼？不。在兩千年中，那沉默曾經無數次地被巨大的震動所打斷。這

些震動從農民中發出，像急風暴雨一樣地掃蕩一切，逼迫得任何歷史書都不得不記錄下這種聲音，留下他們的姓名。假如千百萬農民在沉默無聲時，就像那凝重的大地一樣，那麼專制王朝就是建築在這地基上的高大建築物。看起來這建築物是站在何等穩固可靠的基礎上啊，然而大地下面也會發生撼動，高大的建築物應聲而倒！——推翻皇帝的寶座，奪下百官的朝笏，剝掉了一切王孫公子的華服。誰能想像得到，在這沉默的大地下面蘊藏着這樣巨大的力量！

每一個專制王朝都是寄生在農民的身上的，可是也幾乎每一個專制王朝都是被農民的力量摧毀的。

秦朝，這第一個封建專制主義的王朝，就是被農民摧毀的。秦始皇禁止人民藏武器，但是一羣被徵發了去戍邊的農民在中途造反了，他們的領袖陳勝、吳廣，一呼百應，就使得天下大亂，暴秦覆滅。

到了漢朝，王莽雖是安然奪得了西漢劉家的天下，但是禁受不了大地下面的撼動，在短促的時期中就被農民推倒了。當時，有號稱「綠林」、「赤眉」、「銅馬」的許多起義隊伍。其中樊崇等人領導着的赤眉，還擁出了自己的皇帝，在長安城裏做了一年多的主人。東漢最後

固然是亡於軍閥的割據僭位，但是給它以致命傷的也正是稱為黃巾的農民叛亂。赤眉和黃巾這先後兩次大規模的農民叛亂所擁有的基本隊伍都在二三十萬以上。為了鎮壓黃巾，東漢政府動員了許多地方武力和外族兵力，因此就加速了自己的分裂崩潰。

這以後，統一全國的專制王朝就是隋、唐，他們的遭遇也是一樣。在隋朝，農民不僅給那會享樂的煬帝築成了一條運河，使他能到江南去尋歡，而且也給他築成了墳墓，把他推向死亡。到了唐朝，雖然軍閥安祿山、史思明的內亂已經結束了唐朝最興隆的時期，但唐政權還能夠支持，等到農民領袖王仙芝、黃巢起來造反的時候，可就把大唐天下弄得土崩瓦解了。

唐代的這次農民叛亂，在規模上是空前的，一共繼續了十年（874—883 年）。先是以王仙芝為首的三十萬農民縱橫在山東、湖北、安徽各地。王仙芝死了，黃巢又代之而起。他更往南發展到廣東、福建，再轉身北上，廣州、長沙、武昌都曾被他佔領，最後竟一直經洛陽而攻入首都長安。在長安城裏，黃巢這一個農民隊伍中出來的人，嚐了兩年多做「天子」的滋味。唐朝雖然終於把這次叛亂撲滅了，但是創巨痛深，自此而後，唐

政權已經是名存實亡了。

宋朝是唯一的一個朝代，不是在農民的力量下崩潰下去的，但在那時也並不是沒有較大規模的農民造反的事。像在北宋末年江南的方臘，在南北宋之交洞庭湖上的楊幺，其實都並不像舊小說所說的是普通的土匪。因為在宋代，外族侵淩十分急迫，所以農民起義的刀鋒常常指向外敵，特別是在黃河以北被女真（金）侵佔的區域，農民反異族統治者的鬥爭十分熾烈。這種鬥爭到了元朝更是大大地展開了。蒙古人的元朝一百年的統治，是和各地農民的叛亂共始終的。在最後十年中，分散的農民起義漸漸地集合起來了，以劉福通為首的「紅軍」佔領了陝西、山東、河南，和元朝的北京政府對立着。明太祖朱元璋本來也是屬於這農民隊伍的。

朱元璋雖從農民造反的隊伍中起來，但他所建立的明朝政權仍和別的朝代一樣，是寄託在農民血汗上的。農民問題不能解決，農民的叛亂自然還是不可避免。到了明末，又爆發了一次異常宏大的農民戰爭。這戰爭開始於陝西，發展到山西、河南、湖廣、四川、甘肅，他們的領袖是李自成、張獻忠。明朝稱之為「流賊」，但明朝在「流賊」面前終於一籌莫展。從開始發動，

一直到顛覆了北京的明政權，一共有十六年（1618—1644 年）。

清朝政權是對於起義的農民殘酷地進行鎮壓而建立起來的。在民族壓迫和專制統治之下，清代終於爆發了一次無論從力量、規模、成就、歷史影響任何一方面看，都是空前的農民大起義，那就是太平天國。洪秀全、馮雲山等人領導着農民在 1850 年起義於廣西，第二年就建立太平天國年號。由廣西過湖南而佔武昌，沿江東下，1853 年攻下南京，定為國都。一直維持到 1864 年，南京才被清兵攻陷而亡。在這十多年中，南京的農民政府和北京的滿清政府對立着，這是在過去的歷史上從未有過的現象。而且太平天國還從農民的立場上，鮮明地提出了政治主張和政治理想，創立了自己的政策、法令、制度，這也是過去任何一次農民叛亂所比不上的。在太平天國以前的幾十年中，已經到處發生農民的起義，在太平天國失敗後，農民起義的風波也沒有完全停止，也有規模較大的，不過都不像太平天國那樣能在相當長的時期中建立較穩固的政權。清朝統治雖然還繼存了四十多年，到「辛亥革命」才被推翻，但太平天國的鬥爭已經把它的統治的基礎掘鬆了。

以上所舉的只是在這二千多年中，規模最大，而且對於當時的專制政權的瓦解崩潰起了直接影響的若干次農民戰爭。封建時代的農民，感受到沉重的生活苦難，在各地零碎地發生叛亂行為，還不足為奇；但他們竟能積聚成這樣龐大的力量，作出這樣驚天動地的事來，卻似乎簡直可以說是奇跡。

　　我們已經談過，封建時代的農民，過着個體勞動的生活，習慣於散漫的農村環境，所以他們很難有堅強的組織力。要團結成巨大的集體行動，並不是很容易的事。這種生活又養成了他們「安土重遷」、容忍保守的性格，要他們離鄉背井，拋棄他們所耕作的土地，去幹不可預測的冒險事業，也不是件容易的事。當他們起義的時候，就武裝實力而言，自然比不上專制統治者的久經訓練的軍隊。所以在和平時期，專制統治者在農村中所看到的，只是一羣忍苦耐勞、無知無識的兩足獸，到了農村中開始有些風波時，統治者也以為這不過是一羣愚民，不知利害，鋌而走險罷了。但是就從這看來「無害」的大地下面，竟然形成了撼動一切的偉力，這究竟是由於甚麼緣故呢？

二、奇跡是如何造成的

是的，封建時代的農民是最能忍苦耐勞的。經常的過度的生活壓迫使農民養成了適應最低劣的生活水平的能力。但無論怎樣能忍耐，到了根本沒有可以吃飽的東西給他們吃的時候，到了簡直活不下去的時候，也無法忍耐了。苛重的賦斂剝奪了農民所有的一切，不斷的水旱災更使農村蕩然一空，於是一次大饑荒的發生，甚至弄到「人相食」的地步，就成為促成農民戰爭的導火線了（如在王莽時、在明末）。

是的，封建時代的農民是最不願意輕易離開土地的，但到了土地不能供給他們最低的生活資料的時候，他們也無法依戀土地了。加以富豪的兼併使他們失掉了耕地，無盡的差役又硬把他們拉開了耕地。秦代的農民起義由被徵遠戍的農民中發動，元代的農民戰爭由強徵去修黃河的十萬民夫中發動，他們既已被迫離開土地，就是被迫離開他們的生存基礎。

那表現為那樣巨大力量的地下撼動，就是這些被剝奪了一切生活資料、更被剝奪了謀生的物質基礎的農民，在別無其他出路的時候，所激蕩起來的。因為封建

時代的農民的忍耐保守性極高，所以不到飢餓死亡線上的時候，是很難一呼百應、千萬成羣、形成集體的行為的。在這二千年中，不斷地發生大規模的農村叛亂，這正是表現着，封建專制統治是經常把農民壓在飢餓死亡線上的。

在封建主義統治下，農民完全沒有在政治上發言的權利。官府絕不會理睬他們，沒有任何合法的方法使他們能夠為他們的受到的不公平的待遇和生活的苦難而申訴，以求得縱然只是一絲一毫的改進。只要他們一有甚麼不滿和抗議的表示時，立刻被官府朝廷看作不安本分的暴民。在這種情形下，農民惟有一直忍受下去，走向死亡，如果要作甚麼抗議，就只好採取非法的行動。所以封建時代的農民的反抗，總是一開始就是武裝鬥爭，大規模的農民反抗總是表現為大規模的農民戰爭。平時是忍辱負重的「好百姓」，一聲號召下，就拿起一切可能拿到的武器，不顧利害地頑強鬥爭，這看起來雖似乎很可怪，但其實正是封建專制統治下必然造成的現象。

像明末的李自成，他在起義中，向農民號召說：「迎闖王，不納糧。」（闖王是李自成的稱號。）這樣簡單的口號就能使所過的鄉村中，到處沸騰起來，正是赤裸裸

地表現着這是直接的生活鬥爭。而這一來，他們就和一切地主、富戶、官府、專制統治者對立起來了。

假如他們的思想和行動限制於對當時社會上的貧富不均的不滿，要「劫富濟貧」，向富有者分財泄憤，那便是所謂盜匪。假如更進一步，意識到和官府、專制統治者的對立，以推翻專制王朝，掃蕩封建秩序為目的，那就成為公開的「造反」了。像宋代的方臘，他向起義的人民說：「現在朝廷中，君臣們除了聲色享受，建築祈禱，甲兵花石種種浪費以外，每年還向西夏、北遼兩國納銀絹各百萬。這些都是我們人民的膏血。受苦的是我們百姓，一年到頭勞動，求一頓飽飯也不可得。這樣的朝廷，你們還能容忍麼？」這話就是把生活鬥爭和政治鬥爭結合起來了。

在消極方面，他們要破壞既存的封建秩序；在積極方面，他們要建立甚麼呢？固然時代的限制使他們絕不能設想到現代的民主政治，但這些農民也確是在那黑暗的時代，運用着他們自己的經驗、智力和想像力，摸索追求着，企盼和舊制度完全不同的新的東西。

像太平天國起義之初，就已明白宣佈反抗異族統治的目的。並且規定一切人相互之間都以兄弟姊妹稱呼，

想實現人與人之間的完全平等的關係。在他們所頒佈的各種制度中，最可注意的是所謂的「天朝田畝制度」，其中說：「凡天下田，天下人同耕。……有田同耕，有飯同食，有衣同穿，有錢同使。無處不均勻，無人不飽暖。」他們又不僅企圖實現土地共有，而且企圖使一切財產都歸公有，廢除了私有制度。——固然在太平天國建國期間，並沒有完全實現這理想，在封建社會的客觀條件下，也不可能實現，但是因為太平天國的領袖們能夠提出這種社會理想，並且也有部分地做到，所以才激動了千百萬農民羣眾的熱情，奮不顧身，一往直前，作了十多年的苦鬥。

在別的時期的農民戰爭中，也有類似情形，不過規模都不如太平天國，加以史料殘缺，留傳下來的事跡更不周詳。舉一個最早的例，如在西漢末年的赤眉。據史籍所載，當時樊崇等人在大饑荒中起義，很快就集合了數萬人，訂下規約說：「殺人者死，傷人者償。」但他們並沒有文書旌旗部曲號命，只是「以言辭為約束」。其中的領袖只是借用漢朝地方小吏的稱呼，叫做「三老」、「從事」、「卒史」，而一切人都相互稱為「巨人」。——這雖然是極簡略的記載，但也可以從中看出農民的民主

主義的樸素的理想。

這種農民的理想，固然是帶着空想的色彩，但確是從農民生活中產生出來的。對於受盡現實生活的苦難的農民，這確是美麗的理想，是值得為之獻身，雖粉身碎骨而不辭的。

所以農民戰爭並不是烏合之眾，焚燒擄掠，毫無紀律。固然在農民戰爭發展中，特別到了接近失敗的期間，不免有這種弱點表現出來，但是整個地看起來，因為他們是激於生活的苦難而起，抱着向壓迫者復仇抗爭的意念，又憧憬着一種理想社會的遠景，所以像漢的赤眉、唐的黃巢、明的李自成、清的太平天國都常常能保持嚴明紀律，尤其在他們起義的初期，一切按照他們自己規定的辦法，並不是人人胡作亂為，比起專制統治者的僱傭軍隊來，其實還好得多。否則農民戰爭絕不可能發展而持久的。

在這裏，我們又不能不提到宗教在農民戰爭中的作用。封建統治者利用宗教迷信做愚民的工具，而農民，因為一般地在生活思想上落後，也常不得不利用宗教迷信做反抗的工具。在封建時代中國農村中，向來有一種土生土長的宗教，可說是屬於道教的系統，但其形式隨

時隨地有不同。東漢時的「天師道」（黃巾）或者可算是鼻祖。也有源於佛教加以改造而與土生的道教相糅合的，如元代和清代的「彌勒教」、「白蓮教」。農民又常易接受從外國來的宗教，因為外來的新的宗教更可自由地加入反抗現實的內容。佛教本也是外來的，至於太平天國更是直接接受歐洲的耶穌教義而創立了「上帝教」。南宋方臘是「魔教」教主，元末農民戰爭中「明教」有很大勢力。魔教、明教都源於在唐時從波斯傳入中國的摩尼教，其中雜有佛教的成分，也有基督教的成分。

宗教迷信在農民戰爭中起了鼓勵和組織的作用，神秘的預言加強了農民起義的信心，教徒的聯繫是農民平時互助互濟的組織，也是發動集體行動的基礎。許多次農民戰爭中的領袖在起義之前都已作過十多年的宗教活動，再加上符咒神靈之說，更使農民們增加了戰鬥勇氣。最可注意的是農民自己的理想常常就借宗教的外衣而散播，自由平等的朦朧觀念多半借宗教的言語和組織而表現出來。如彌勒教徒、明教徒都相信宇宙間有明暗二勢力，到了明戰勝暗的時候，世界就成為光明極樂、自由幸福的了。這種宗教思想是很容易轉化為現實鬥爭的，所以元末的韓山童、劉福通創言天下就要大亂，彌

勒佛要降生，明王要出世，就使千萬農民心中沸騰起來了。宗教迷信固然表現着農民的落後，但我們也可以透過宗教的外衣而去看到農民戰爭的實質。

由於以上所說種種因素，千千萬萬散漫的農民，在一朝間組成龐大隊伍，發動了羣眾性的戰爭。在這種戰爭中，農民創造了他們自己的戰略戰術。他們在武器和訓練上雖不如所遇到的敵人，但是他們能夠靈活機警地行動，勇敢果斷地出擊，能夠隨時隨地化整為零、化零為整，能夠作長時期的長距離的運動戰，因此那種內部腐敗、脫離人民的統治者的僱傭軍隊常在他們面前失敗。最顯著的是，太平天國的有些領袖，如石達開、李秀成簡直可說是天才的戰略家。農家子弟石達開，二十多歲時即為獨當一面的主將，建立了赫赫戰功。李秀成出身於貧農家庭，太平天國起義時，只是一個小兵，但在太平天國的後半期，他已是指揮全域的大將。他們在軍事指揮上的才幹是連敵對方面的將領如曾國藩都深致欽佩的。這其實不只是由於他們個人的天才，而也是在農民的羣眾性的戰爭中出現的一種「奇跡」。

三、走向城市的失敗

但是在封建時代，農民在戰爭中不管有多大的力量，發展到最後，總不免於失敗。縱然他們推翻了一個代表地主勢力的專制王朝，但他們並不能建立他們所理想的、合於農民利益的社會秩序。地主勢力又以另一個專制統治者為代表而起來了。洶湧澎湃的農民聲音重新被壓到了大地的下面。

為甚麼在封建時代的農民戰爭逃不了失敗的命運呢？

值得注意的一個事實是，在每一次農民戰爭中，從成功走向失敗，其間的轉換常常以進入大城市、獲得在城市中的權力為關鍵。

譬如最早的赤眉，起義以後，聚眾數十萬，七年間轉戰各地，終於攻進長安。在長安城裏住了一年多，不能建立安定的秩序，在把那一帶地方的糧食吃完以後，被迫退出了。離開長安時還有二十多萬人，卻被後漢光武帝的軍隊一戰而擊潰。綠林、赤眉、銅馬這些農民起義都成了光武帝登極的基石。

唐代和明代的農民戰爭也有類似的情況。黃巢在

五年間縱橫南北，幾乎是所向無敵，聲勢赫赫地攻入長安，但在長安住了兩年多，終於被四方雲集的唐朝軍隊所逐出；又過了一年，他的力量全部被撲滅。李自成以急風暴雨般的力量奪取了北京，很快地被明朝和滿人的聯合力量趕跑。雖然在離開北京後，沒有全部瓦解，但李白成本人戰死，餘眾回到農村，重新積聚力量，開始新的鬥爭，聲勢也遠不如前了。

由這些事例中可看出，農民在獲得了中心城市時，便是達到了成功的極峰，同時也是轉向失敗的發端了。太平天國的歷史也是如此。雖然太平天國佔領南京，建都立國，歷時最久，但是既得南京以後，就開始有安於既成局面的趨勢，軍事發展常受挫折，遠不像定都南京以前的三年中那樣戰無不勝了。更嚴重的是太平天國領袖中驕矜自滿，生活腐化，不能團結的現象也開始萌長，終在南京城內爆發了嚴重的內訌。從此以後，太平天國就走向下坡路，李秀成等優秀人物的艱苦努力也挽救不了整個的頹勢，不得不同趨於崩潰。

這種現象之所以產生，可以從兩方面來解釋。一方面是因為：在農民佔領了中心大城市後，往往使他的敵對力量方面發生了變動。另一方面，更重要的，是因

為：農民本身的弱點，在過着城市生活的時候，更大地發展了。

　　封建專制的統治雖然形式上統一，實際上總是存在着許多矛盾的。統治者內部的矛盾，對於農民戰爭，自然是有利的條件。農民隊伍萬里奔走，一刻不停，在廣大地區內進行運動戰，正是充分利用了在統治者中各地方力量之間的矛盾以及地方力量與中央力量之間的矛盾。譬如，黃巢的部隊到了湖北江陵時，曾被山南東道節度使劉巨容敗了一仗，黃巢立刻渡江東走，有人勸劉巨容跟蹤窮追，巨容不肯，說：「國家多負人，在危難時雖不吝賞，事平卻又加罪。不如讓賊留下，以後還有好處。」這樣，當然使農民隊伍易於發展了。但是一到農民入據中心大城市後，情形就不同了。像是一聲警鐘一樣，警醒了一切地主統治者，使他們看到，這原來不是搞點小亂的草寇，而是一個可怕的大敵。於是統治者內部的矛盾一時減低下去，協力對付農民。勝利的農民定居在中心區域內，便成為一個集中的目標，不得不承受從四面八方來的打擊了。在太平天國史中，這情形尤其明顯。漢族的地主，特別是中小地主，和清朝統治者之間本是多少還存在着利害衝突的。但在太平天國佔領南

京、震動全國時，在曾國藩的號召下，中小地主也都參加了反太平天國的鬥爭，幫了清朝統治者的大忙。要不然的話，單靠清朝的常備軍是無論如何也戰勝不了的。固然，在這情形下，統治者內部矛盾也不過是一時減低。他們紛紛起來出力打農民，還包含着爭權奪利的企圖。所以農民戰爭被撲滅以後，統治者內部的紛爭反而更增強了，但是農民畢竟已在這中間吃了大虧。

有時，統治者雖然集中了一切自己的力量來對付農民，卻還不能取勝，那怎麼辦呢？這時他們往往不惜勾引異族的力量，甚至本為強敵，也可以攜手合作。如唐朝請了沙陀兵進攻黃巢，明朝邀請滿洲兵入關來「收復」北京，清朝撲滅太平天國，也還運用了上海洋人所組織的「常勝軍」。

所以，在農民佔領大城市後，敵對力量是增強了。但同盟力量卻並不能有甚麼增加。在封建時代的城市中，農民找不到有力的同盟者。有的只是一部分小商人和手工業者，這些人並不能給農民增加多少力量。更有的是不事生產、久在城市裏混的流浪漢，這些人已養成很壞的習性，他們不僅不足以增強農民力量，反會發生消極破壞的作用。

何況農民本身還有許多弱點，這些弱點禁受不住城市生活的鍛煉。當他們到處流動作戰時，只提出幾個直接的生活鬥爭的口號，加上對理想社會的朦朧的嚮往，固然已能使飢餓的農民風起雲湧的回應，但是沒有明確的方針和辦法，帶着空想的色彩，究竟還是弱點。一到了城市中，應付比農村複雜得多的城市環境，那就不是從貧弱的土地上出來的農民所能做得好的了。而且既以城市做中心定居下來，建立新的政權，就必須為了解決一切問題，而有各方面的具體政策和實際施行的辦法。農民要求理想實現，舊的勢力（地主、商人等）在盡力阻撓。這時，幾句簡單的口號是不夠用了，空洞的社會理想也和實際格格不相入。但是除此以外，農民們實在拿不出別的來，只好抄襲專制統治者的若干成規，加以一些改變，糅合到自己的生活鬥爭口號和社會理想上去。這樣，自然在政治上站不穩的。太平天國算是做得最有成績的，但是在他的制度規章中也保留着不少專制統治者的壞遺產。

城市對於質樸的農民在物質生活和精神生活上所起的腐爛作用也是不容忽視的。封建統治者積累了四方農村中來的貢賦，造成了奢靡豪華的城市生活。農民們從

貧窮的農村中一闖進城市，不免目眩神迷。他們感到自己是支配這一切的主人，就很容易發生志得意滿、盡情享受的情緒。所以農民戰爭停留在農村中，雖常能保持內部的紀律，但是一到了城市，組織鬆懈、意志渙散的弱點就發展起來，暴露在他們的行動中了。農民中的領袖們也難免受到影響，太平天國就是最顯著的例子。洪秀全的確是從苦鬥中成功的人，但在南京城中，其行為竟然漸漸地重蹈以前歷代亡國統治者的覆轍：不能任賢使能，專一引用戚屬；妄信天命，以為天必佑我，對敵人來攻毫不戒備。前後竟像是兩個人，也正是在城市中享受權力的結果。他的相信天意，倒不只是由於迷信，而是順利的成功養成了自驕自滿的緣故。

加上城市帶了一批流浪漢到農民隊伍中來，又加上有些沒骨頭的官僚，專一趨炎附勢的士大夫，一看見農民得了大權，也雙膝跪下，表示擁戴，他們其實是陰謀利用農民戰爭來圖自己的利益。這些分子的加入，更加速了農民隊伍內部的瓦解潰散。

而且在軍事上，農民一取得了中心城市，便要為保衛某一城、某一地區而作戰，不能像過去那樣無顧忌地採用靈活運動的戰略。於是漸漸地轉成了被動的地位，

不能不被迫在劣勢條件下應戰了。尤其到了危急之時，捨不得丟開既得的城市，更成了致命傷。太平天國滅亡以前，李秀成已看出軍事上的危機，主張主力退出南京，另謀發展，但洪秀全不聽，結果南京失陷，太平天國也就亡了。

農村雖然是封建社會的基礎，但城市還是統治者的巢穴。「不入虎穴，焉得虎子？」不到城市中去，農民戰爭得不到決定性的勝利。但城市對於農民卻像是《西遊記》中陷害好人的妖山魔洞一樣。所以在農民戰爭中，常有對於城市徹底進行破壞的。像和李自成同時起義的張獻忠，在四川就這樣做過，遇見城市，殺光燒光。這是鄉村對於城市的報復，也是因為農民害怕城市：自己既無法管理城市，也阻止不了城市對自己的壞影響。這多半是在農民戰爭已近於失敗時的泄憤行為。把城市破壞了，老是在各處鄉村中流動，也終不免於力量渙散而失敗。

飢餓的農民從農村中起來，遇到城市而失敗，這在中國封建時代，幾乎成了農民戰爭中的一條規律。城市平時寄生在農村上面，吮吸着農民的血髓，而在農民起義以後，又偷偷地腐爛了他們的戰鬥的靈魂！

四、農民戰爭的意義

就這樣，農民起來了，又倒下去了。大地在一度激烈的撼動之後又歸於寂靜。在這大地上重建起一個新的封建專制主義的殿堂。從農民戰爭的失敗中得到好處的還是地主統治者。

漢朝的政權，無論是前漢的劉邦（漢高祖），後漢的劉秀（光武帝），都是偷了農民戰爭的果實而得到的。劉邦起先利用農民反秦的力量，但本身所代表的卻是地主的利益，劉秀則是一開始就和農民對立的。明太祖朱元璋之得天下，又是另一種情形。朱元璋本是貧農出身，還做過小和尚，流亡各地，參加了當時反對元朝的農民「紅軍」。他從「紅軍」中的一個小兵，漸漸爬上去，有了獨當一面的權力，但還沒有立刻脫離「紅軍」的系統，所以起先地主士大夫都不願和他合作。後來朱元璋竭力拉攏地主士大夫，他們也就團結到他的周圍，使他的政策和做法發生變動，使他從一個農民的領袖變成了地主的皇帝。最後朱元璋果然成功了，但成功的已不是農民而是地主。反元的農民「紅軍」，有的已被元朝消滅，有的則被朱元璋吞滅。

太平天國的結果表現為另一種情形。有些史書上說：因為清朝依靠漢臣新編軍隊而打敗了太平天國，所以事平以後，清朝不得不重用漢臣，實際政權漸歸漢人。這說法雖似乎是根據事實而發，但事實的真相卻是一部分漢族地主，本來還受清朝政府的歧視，但這回出死力幫了大忙，所以就能較多地分享到一部分政權。農民的血肉成為這批地主獲得較高權力的墊腳石。

這種種情形雖然各個不同，但都是地主從農民戰爭中收取了利益。農民自己得到甚麼呢？他們在起義的烽火高熾的時候，固然得到了他們所要得到的一切，但到了失敗的時候，就不得不用更多的血來償付了。

封建時代的戰爭本是十分慘酷的，對於叛亂農民殺戮之慘，更不待說。千萬農民是在快到餓死的時候才叛亂起來的，也只有到千萬農民的屍骸躺在血泊中的時候，叛亂才會平息。死了的死了，活着的又被迫着在新的統治者下面，照老樣地生活下去，繼續忍受着沉重的封建剝削，過半飢半飽的日子，在失望中期待，醞釀着下一次的叛亂。

那麼，由此看來，農民戰爭只是無目的的破壞和舊秩序的回歸的循環過程麼？—— 那也不然，封建時代的

農民戰爭雖然總是逃不了悲劇的命運，但不是毫無意義的悲劇。

長期的封建時代並不是自始至終、一成不變的，其間也有一步步的進展。每一個專制朝代，在基本性質上雖然相同，但又各有着他自己的制度、政策、法令，靠這些來管理社會，也造成一個短期間的繁榮景象。但客觀形勢向前發展，使既有的政策、制度、法令，發生破綻、流弊，以致完全不能適應，而專制統治者仍舊仗着他頑強的統治力固守着舊有的一套。這時候，社會的進展就走到了絕路。農民戰爭的起來就是在這樣的時候。雖然農民是抱着他們自己的空洞的理想而起來的，但客觀地看去，他們的行動的作用是掃蕩了腐敗的舊政權，也就使封建社會的繼續前進成為可能。沒有農民戰爭，我們就難以想像封建社會何以能在這長期中一步步不斷前進。有人拿歷次大規模的農民戰爭當作封建時代中分期的界線，也並不是沒有理由的。

農民戰爭大規模地反覆發生，又正是尖銳地表明了在封建社會中的基本問題是農民問題，而專制統治者絕對解決不了這問題。既解決不了這問題，就不能保持社會秩序的安定。另一方面，農民雖拿起武器，作生死的

鬥爭，但也不可能解決自己的問題，無法違抗失敗的命運。然而在這一次接一次的鬥爭中，畢竟是把封建社會推向前去，把這問題提出得更加尖銳，也就促使解決這問題的時機一天天更加接近了。

尤其在對異族統治的反抗中，更顯出了農民戰爭的重大意義。蒙古人一百年的統治，滿洲人三百年的統治，對於中國社會、中國文化的進步都起了阻滯和破壞的作用。當時的農民受到了最大的災難，而也只有農民敢於起來做反抗的先鋒。這兩代農民戰爭都曾把反對異族統治、恢復中華，提出來作為鮮明的政綱，結果他們也的確是成功了。假如沒有千萬農民奮不顧身地起來，那在異族主宰下的漫漫黑夜還不知要長到多久！

拿封建時代的最後一次最大規模的農民戰爭 ── 太平天國來看，最可看出農民戰爭在歷史上的重要意義了。因為太平天國是一面總結了封建時代的農民戰爭，一面又下啟了近代民族民主的革命鬥爭。

假如從來的人都把農民戰爭看做是毫無意義的草寇，那麼孫中山先生就是第一個打破這傳統看法的人。他看出，歷史上農民的「造反」正是對於專制政體的反抗行為，對於太平天國的革命意義他尤其再三強調。

在中山先生早年所撰〈太平天國戰史序〉中非常惋惜太平天國的失敗，指出在滿清統治下「士大夫又久處異族籠絡壓抑之下，習與相忘，廉恥道喪，莫此為甚！」所以只有農民孤獨地起來發動革命，不得不失敗。在民國十二年的一次演講中，中山先生也說：「洪秀全自廣西金田村起義，打過湖北、江西、安徽，建都南京，本來可以成功的，因為後來曾國藩、左宗棠、李鴻章那一班人出來破壞，所以失敗……如果漢人不反對，太平天國的革命便老早成功了。」他把「辛亥革命」看作是繼承了太平天國未完成的任務。中山先生一方面批評了太平天國不能實行民主，還是稱帝稱王，以致鬧成內訌，「洪秀全當時革命，尚不知有民權主義」（民權主義第一講）；而另一方面，中山先生又十分推崇太平天國當時所執行的經濟政策，他說：「洪秀全在廣西起義之後，打十幾年仗，無形中便行了一種制度。」他以為這種制度是接近於共產主義的（見中山先生十二年十二月二日歡宴各將領演說）。

中山先生是中國現代的民族民主革命的第一個領導者，所以他就能對於歷史上的農民戰爭，作了公正的評價。自然，中山先生所領導的革命已是遠超過農民戰爭

的範疇，也只有在現代的民族民主革命中，才能真正解決農民問題，不會重蹈農民戰爭的歷史覆轍。中山先生既能看出農民戰爭的意義，所以他也就看出了要使民族民主革命得到勝利，必須把農民動員組織起來，而要通過革命的過程建立新中國，就必須認真解決農民問題，解決土地問題，使農民有耕種的土地，提高農民的生活水平。表面上顯得似乎是凝滯不動的廣大農村中，有着無限的力量，一旦撼動起來，就能創造出一切奇跡。能夠看出這一點，正是中山先生的偉大處。

不安靜的北方邊塞

敕勒川，陰山下，天似穹廬，籠蓋四野。

天蒼蒼，野茫茫，風吹草低見牛羊。

　　這首歌是南北朝時的鮮卑人斛律金所作，寫得真切極了，使人讀過之後，一閉上眼睛，就好像看見了一大片無邊無際的塞外莽原，並且想像到生活在這大莽原上的遊牧人民的姿態（請看一看地圖，陰山在現在綏遠省境內，就在河套以北）。

　　遠在兩千多年前，中國人就已經在北方邊疆上築成了「萬里長城」，好像是一道人工的柵欄，把佈滿着農村和城市的中國本部和柵欄外的大莽原分隔了開來。這片大莽原就是歷史上所說的「塞外」，包括現在所說的東北、內外蒙古、寧夏、新疆等區域在內。在這中間，雖然也有崇山峻嶺和大沙漠，但整個地看起來，處處都還是大片的莽原，正如上引那首歌中所說，是遊牧人民生存活動的環境。

　　但上引那首歌只使我們看到塞外的和平景象，而事實上，在這大莽原的歷史上，是常常響着兵戈鐵馬的聲音的。許多由遊牧人民組成的部族或國家在這塞外的莽原上互相併吞、驅逐，又常常和「萬里長城」裏邊的中

國敵對着。有時中國的統治者衝出了長城，憑武力做了塞外莽原的征服者，有時塞外的某一個強大的部族或國家闖進了長城，「南下牧馬」，做了中國內地的一部分地區或全部地區的統治者。這些都是在中國歷史發展上很重大的事件。要講歷史上對外族的關係，主要的也就是講在這一條橫亙北方邊疆線上所發生的種種事件。雖然和那遙遠的西方的中亞細亞以至歐洲，和那東方、南方海上的日本、南洋，和那西南方的安南、緬甸，在歷史上也都發生過交戰征服、通商貿易或文化交流等等關係，但這些都不在本文內談了。

一、塞外各族的興替

「萬里長城」是在戰國時北方的燕、趙、秦諸國分別修建的。秦統一後才把它連接起來，成為一道從東北海濱直到河西（黃河河套的西邊）綿延六千里長的保衛線（以後在南北朝、隋唐明各代又加以重修）。從秦以後的兩千年中，根據塞外各族興替的情形及其與中國的關係上看，可以分做三個時期。第一時期是由秦漢到「五胡亂華」時，共約六百年（紀元前第 2 世紀到紀元後 4 世紀）。第二時期是由南北朝到唐末，共約五百年（5—

9 世紀）。第三時期是五代以後，除了最後清朝統治全中國的三百年以外，共約七百年（10~17 世紀初年）。

在那第一時期的六百年中，匈奴和鮮卑兩族是在塞外活動並和中國發生衝突的主要力量。

匈奴在人種上，屬於蒙古種。它在戰國時已開始強盛起來，秦始皇修建長城就是為了防禦匈奴。秦始皇又遣大將蒙恬出塞，把匈奴從河套內趕了出去。匈奴便向東發展，到了遼河流域，征服了那裏的許多部族。 ——這些被征服的部族在當時被總稱為「東胡」。—— 後來，在秦漢之際中國國內混亂的時候，匈奴又乘機沿邊塞各地向內侵蝕。這時，匈奴裏面有一個有名的領袖（「單于」）名叫冒頓，他部下的戰士據說有三十萬人。他曾經把漢高祖劉邦所率領的軍隊包圍在白登（在現在的山西大同附近），劉邦幾乎逃走不了。漢初數十年間，對匈奴只能採取委曲求和的政策，直到漢武帝時，才用強硬的武力對付匈奴。從此以後，在漢與匈奴間，二百多年中發生過很多次的戰爭。每次戰爭都使雙方受到極大損失，最後的結果是匈奴失敗。匈奴人中有一部分往北遠遁，漸漸地轉移到了歐洲去；又一部分降服了漢朝，被招到塞內，住在山西、陝西的北部。這部分匈奴人後來

在晉代的「五胡亂華」中是重要的角色。滅掉東晉的便是匈奴人劉淵所建立的漢國。

鮮卑人在「五胡亂華」中的作用與影響是更巨大的。鮮卑原來是東胡人，在人種上屬於通古斯種。（也有學者認為鮮卑和匈奴同樣是蒙古種，或者是蒙古種而又雜有通古斯種血統的。）東胡中有很多部族，如和漢朝發生過衝突的烏桓人也是東胡中的一部分，但烏桓到了東漢時已都遷居塞內，對中國歷史沒有甚麼獨立的影響。在匈奴征服東胡人時，東胡中有一部分遷居到外蒙古和西伯利亞一帶，那便是鮮卑人。東漢時，匈奴在塞外力量衰退，鮮卑人便南下佔據了匈奴舊地。東漢晚年，鮮卑人中出了一個有名的領袖檀石槐，在他統治下建立了龐大的帝國，不斷地侵略河北、山西、陝西、甘肅各地。這大帝國雖然不久就渙散，但鮮卑人在塞外從東到西已到處散佈着了。他在文化上也發展得比其他各族較高。魏晉時，鮮卑人的慕容氏已在遼河流域建立了強盛的燕國，在「五胡亂華」中大舉侵入中原，打敗了匈奴的力量，是當時最活躍的一個外族。最後把五胡十六國的混亂局面結束，統一了北中國的也是鮮卑的拓跋氏的魏國。

除了匈奴、鮮卑以外，「五胡」中的其他三個角色

是羯、氐、羌。氐、羌二族都屬於圖伯特種（即後來的藏族）。他們經過西北各地進入內地。東漢曾用了很大力量鎮壓入居甘肅、陝西一帶的羌人。在「五胡亂華」中，氐人的苻氏建立了有名的秦國，一度統一北中國，領了八十萬大軍侵略東晉，但在淝水之戰中，一敗塗地的就是秦國國王苻堅。羌人的姚氏建立的國家也稱秦國，史稱後秦，以別於苻氏的前秦。但氐人、羌人在中國歷史上的作用和影響究竟還不及鮮卑和匈奴。至於羯人，只是從屬於匈奴而起的一個力量。

經過「五胡亂華」後，原來在塞外的許多部族都紛紛進入中國內地。南北朝的二百年中，在鮮卑人所統治的北中國，便成了一個各族人融合同化的大洪爐。外來的各族在文化上（語言、文字、風俗、習慣各方面）和在血統上漸漸地和中國內地人民混成一片。但是在塞外被遺留下來的土地又有新的遊牧人民前來填充了。我們所說的第二個時期（南北朝、隋唐的五百多年間），就是以突厥種人在塞外興起為特徵的。

南北朝時，起先有柔然（又稱蠕蠕人）在蒙古、新疆一帶建國稱雄，同時契丹人和奚人則佔據了東北的遼河上游。這幾族都是蒙古種或通古斯種人，不久他們的

領土都為新來的突厥人所侵佔了。

突厥原來是住在中央亞細亞一帶的，他們中有一部分漸漸順着阿爾泰山脈向東南而來。現在的土耳其人是屬於突厥種的，中國西北的回族也屬於突厥種。突厥人種出現在中國歷史上並不始於南北朝時，漢代有丁零人，「五胡亂華」中有羯人，都是突厥種的部族。但到了南北朝的後期，突厥人滅了柔然，才成為一個突厥大帝國而雄踞塞外。這時在北中國的魏國已分裂為齊、周兩國，它們都迫於突厥的威勢，不得不向它貢獻財物，求它不侵擾。所以突厥的他缽可汗吹牛說：「我在南方有兩個孝順兒子，還怕甚麼？」但是他缽可汗死後，突厥國內就四分五裂了，到了中國的隋代時，突厥成了東西兩大帝國，所轄領土東邊起於興安嶺，西邊包括中亞細亞和印度，蒙古、新疆全在他的勢力範圍內，所以還是隋代和唐代的主要邊患。唐朝為對付突厥人，花了很大軍力，也用了很多計謀，到唐中葉以後，突厥勢力才衰落下來。但突厥以後，又有還是屬於突厥種的回紇人（又改稱回鶻）興起。回紇建國最盛時佔據了內外蒙古，給那已經中衰了的唐政權很大的威脅。

突厥人的各族雖沒有到中國內地來做統治者，但他

們常時興兵侵擾內地。唐朝全盛時雖曾以武力控制塞外的廣大地區，但在中衰後，卻不能不連首都都聽任異族的鐵騎來踐踏。曾經一度佔據長安的，除了回紇以外，還有在西面、住在西藏高原的吐蕃人。吐蕃是漢時羌人的後裔，也是唐代主要邊患之一。

到了唐朝晚年，大量的突厥人入居內地，也漸漸在文化上和血統上混入中國人之中。唐朝滅亡了，而塞外的突厥人的勢力也漸漸消散，於是又有些新的種族代興了。這就到了我們所說的第三個時期。

首先是契丹人，他們住在遼東已很久，屬於蒙古種。唐時，在遼東本有通古斯種的靺鞨人建立了一個渤海國，前後二百年之久，但和唐朝沒有發生甚麼大關係。在唐朝亡了之後，渤海國也為契丹所亡。契丹建國稱遼，乘亂侵入中國塞內，從石敬瑭手裏平白得到了燕雲十六州（包括現在的河北、山西省北部），五代時石敬瑭以下的好幾個小皇帝都向遼國主耶律德光稱臣稱子。宋朝統一中國，但並不能收回北方失地，且繼續受遼國侵淩。

到了 12 世紀初，契丹人背後興起了女真人。女真人是靺鞨人的後裔，他們推翻遼國，在遼國原有的塞內

外土地上，建立金帝國，並且興兵南下，把宋政權趕到長江流域，統治整個北中國達一百多年之久。但這時，在女真人背後，又有蒙古人興起了。蒙古人在短短的時間內，滅金滅宋，統治整個中國也達一百年之久。這是中國歷史上第一次全部領土被一個落後的部族所統治。

元政權覆滅後，蒙古人在塞外仍保有殘餘的力量，改號韃靼，成為明代的重大邊患。其時又有屬於蒙古人種而混有突厥血統的瓦剌人（一作衛拉特人）在西北興起。瓦剌人的酋長也先、韃靼的酋長俺答都曾侵入京畿，大肆騷擾。但這時在東北的女真人的後裔又興起了。17世紀初葉，在女真人中的建州部族酋長努爾哈赤的領導下建國，他們自稱為滿洲人，國號初稱為金，後改為清。不久後即成為一強大武力，乘明末中國國內混亂的時候，進兵關內，於是中國的全部國土又一次被一個落後部族所統治。

對於這第三時期，這裏只能作這樣的一個速寫。由此可見，中國的大部或全部土地為入侵的落後部族所統治正是這個時期的特色，清朝統治中國達三百年之久，它用各種慘酷而巧妙的方法控制着中國內地，同樣控制

着塞外各族，並竭力使塞外和內地分隔開來。這時候，塞外各族和內地人民是同樣受着一個部族力量的專制壓迫，而最後更有一種新的外來力量從海洋上跑來敲打中國的門戶了。所以經過了有清一代，萬里長城在過去歷史上的那種意義已經漸漸消失。在過去歷史上的中國和塞外各族的相互關係那樣的問題也不再存在了。當清朝政權 —— 中國國內各民族的牢獄 —— 被推翻後，中山先生提出了國內各民族一律平等的主張，這是中國歷史上的破天荒的一個號召，實現這個號召是給歷史上的老問題以最後的結束。

根據在新的時代中的新的要求，重新檢閱一下兩千年來歷史上的事實，從那裏面是可以得到些有用的經驗和教訓的。

二、侵略和被侵略

為甚麼在北方塞外活動的各族經常和中國發生衝突，引起戰事，乃至侵入中國呢？

人們常用天時地利的原因來解釋。南方的氣候比較暖和，土地也較豐裕，所以住在北方的人要漸漸地向南移動，這似乎是一種自然的趨勢。據說，在 1—5 世

紀間，就是在東漢初年到南北朝間，在整個歐亞大陸的北半部發生了嚴重的氣候變化，以至引起了原住在那裏的各部族紛紛南遷。所以在這期間，在歐洲有日爾曼各族的遷徙，使羅馬帝國大受騷擾；而在中國，便發生了鮮卑與突厥人的漸次南下。—— 這些天時地利的因素固然都是有影響的，但還不能說是最基本的、最重要的原因。

中國和塞外各族之所以經常對立衝突的主要原因，還該從雙方的社會政治情況中去探求。

中國的內地雖然有廣大的疆域，但是當一個統一的專制政權在國內已取得鞏固地位時，它的向外發展的要求也就強烈起來了。向外發展的目的，不外乎是想用「四夷賓服」來提高專制統治政權的威信，並取得遠方的貢物來增加「天朝」的財富；同時也是想使「天下英雄」都把目光對外，減少專制政權的危機，尤其因為在建立統一政權的國內戰爭過程中，已產生了大量的職業軍隊，既無法復員，就只好用來不斷地對外戰爭，以避免這些軍隊久駐國內可能引起的禍害。封建專制主義的向外發展和近代帝國主義的向外發展，在性質上當然有很大的差別，但其為侵略行為卻又是同樣的。

但是在和塞外各族的相互關係上，中國並不老是在侵略者的地位，也常常是被侵略者。當塞外的莽原上出現了足以威脅中國的某一族的強大力量的時候，如何守住那東西綿亙六千里長的邊塞，抵抗外族的侵入，或越出邊疆，控制塞外莽原以防止外族的侵入，那就更是專制統治政權的生死問題了，因為一旦外族的鐵騎踏進塞內，中國人民固然會成為鐵騎下的犧牲者，而統治者也一定身蒙其害。有時統治者為了某種利害的打算，自動招引了外族侵略武力入內，由此而造成的惡果，那是統治者自己也還是不能不分嚐到的。

　　再就塞外的各族看，他們在文化上固然都比中國落後得多，但那些有力量和中國敵對、並大舉侵入中國的各族，卻已並不是最落後的、過着原始社會生活的野蠻人。當一個部族還過着原始社會生活的時候，那就是說，他們還只是在很小的羣體中活動，還沒有國家組織，也沒有金屬的勞動工具和武器，生產力和戰鬥力都很低弱。在這種生活情況之下，塞外莽原的自然條件是已經可以滿足他們的了，他們也不能夠集聚起強大力量，來和中國敵對。只有那些正在超越過或已經遠超過原始社會生活的部族，才能夠作為侵略者而站在

中國邊疆上。

比如在西漢時，在冒頓單于領導下的匈奴社會中，青銅器已經非常發達。雖然仍殘存着原始社會中的氏族組織，但是已經有了從事生產的奴隸，有了世襲的貴族統治者了，所以也就有了國家的機構。據西漢時的史料，匈奴國中在最高的單于以下，設左右賢王、左右谷蠡、左右大將等官名。這些官都是世襲的，各自轄有一部分土地，各自擁有一部分軍力，每年一月、五月和秋天，各地首長都要集合一次。這種國家機構雖然還很落後，但已顯然不是最原始的社會組織了（恐怕和殷與西周的情形很相近）。又如鮮卑，在東漢初年剛和中國接觸的時候，還是女系中心的氏族社會組織，部落中有酋長，那是由部落人民選舉出來的，各部落間並沒有形成統一的最高的政治組織。上文提到過的在東漢末年的檀石槐，恐怕是在鮮卑族中第一個建立國家的領袖，這也就是說，在檀石槐時，鮮卑社會中經歷了一個大的變革，從原始的民族社會組織進入了奴隸社會的國家組織了。也就從檀石槐時起，鮮卑在塞外成為侵略併吞別的部族的強大力量，並且漸漸侵入中國的塞內了。以後各朝代所遇見的外敵，也都是這樣的情形。南北朝時開

始遇見的突厥，在文化發展上還比匈奴高一點，已有文字。最高的君主叫做「可汗」，以下設有二十八等的官，都是世襲職。再如契丹，據史書上說，在隋時和唐初，契丹族中是分為互不統轄的八部、十部或二十部，每一部有一個選舉出來的「大人」，發生了關於全族的事情時，就由八部「大人」會議。唐末時，其中有一個部的「大人」叫做耶律阿保機的，率部定居在漢城（今熱河圍場縣西南），設計殺死了其他各部大人，從此他就做了契丹的最高君長，死後即由他的兒子耶律德光繼位，不再行選舉的制度了。—— 這個故事正是氏族社會消滅、國家產生的過程的反映。契丹的侵入塞內就是從耶律阿保機開始的。從女真（金）、蒙古（元）、滿洲（清）的古史的傳說中，也都可以找到類似的情形。

這些從事遊牧、過着原始社會生活的部族，一旦開始拋棄了原來的生活方式和社會組織，就不能再安於在莽原上過比較平靜的生活了。在這些部族社會內部發生分化而形成的上層統治分子，尤其積極地企圖在對外戰爭中捕捉大量的俘虜做奴隸，企圖獲得更富饒的地方以擴展其財富。在原始氏族社會中固然也有戰爭，但他們的武力卻異常薄弱，絕對對抗不了中國。到了成為具有

統一組織的國家以後，他們便有可能組成較大的軍力，在野心勃勃的君長率領之下，來敲打中國邊塞的大門了。又因為他們接近了這高度發展的中國封建社會，不能不受到強烈影響，往往很快地通過奴隸社會的階段，而進入初期的封建社會，這就更加強了他們的侵略和統治的野心。

由以上所述，可以看到，一方面，在中國，是帶有向外擴展統治權的要求的封建專制主義政權；另一方面，在塞外，是新興的部族國家，對於中國的土地和財富也有着侵佔的野心——這樣，當然使北方的邊疆經常處於不安定的狀態中了。

所以對這問題，有兩種看法是應該糾正的。一種看法是用「大漢族主義」的觀點來看歷史上的和外族的關係，把一切對落後部族的侵略性的行為和帶有壓制性的政策，都看作是合理的。另一種看法是否認歷史上的外族統治的事實，認為遼、金、元、清的統治不過是表示契丹、女真、蒙古、滿洲各族來「同化」於中國，形成這一個多民族的國家。這兩種看法雖是相反的，但常有人並持這二說。在那些舊的封建專制主義的歷史家看來，前一說自然是對的，而為元、清統治者所御用的歷

史家尤其會同情後一說。但在現在，根據了孫中山先生的民族主義的思想，我們不能不採取另外的看法。

歷代的專制政府常採取不正義的方法對待周圍的落後部族，加以欺凌壓制，以致往往因此而引起他們的反抗，弄到不可收拾的地步，那是不必諱言的史實。忠實地研究這一部分的史實，對於新的民族政策的推行是極有好處的事。至於外族侵入中國後，常發生民族間「同化」的現象，固然是不必否認的史實，但是我們必須看出，這些侵入者不止是損害了、推翻了一個舊的專制政府，而且使當時的中國人民成為外族的奴隸，陷到百倍千倍的苦難之中。無論哪一代外族的統治都是用千百萬人民的血所凝成的啊！縱然這些侵入的外族最後是「同化」了，但是他們的統治對於中國社會文化的發展所起的巨大的阻滯和破壞的作用，卻是不能否認的。到了現在，我們應該和蒙古及其他各族人都親如手足，但並不須因此而抹殺歷史事實。

以下我們就從中國專制統治者的民族政策和外族的侵略統治這兩方面來做進一步的討論。

三、羈縻控制的失敗

每當發生了外族侵略的事情時，在中國方面進行反抗侵略或防止侵略的戰爭，自然是應該的。但是並不能把在歷史上所發生的對外族的戰爭都不加分別地一律給以歌頌，因為也有許多戰爭並不是為了反抗侵略或防止侵略，反而是帶有侵略的意義的。

舉一個最顯著的例子，像在隋代的遠征高麗的幾次戰爭就決不能說是合理的戰爭。隋時北方邊疆外最強的力量是突厥人。雖然隋用分化離間的計謀削弱了突厥，但突厥仍是當時的主要邊患。至於遠在東北的高麗，在當時和中國的關係實在很少，但隋文帝和煬帝卻先後發動了三次大戰爭，勞師遠征。其中最大的一次是在隋煬帝的大業八年（紀元後 612 年），他一下子動員了全國軍隊達一百一十三萬三千八百人之多，集中一地，同時出發。軍容之盛是在中國史上前所未有的。但是結果卻大敗而回。其先鋒渡過遼河入高麗境內的有三十萬五千人，退回來的只剩了二千七百人，使三十萬人民都葬身在異域。然而煬帝還不知悔悟，後一年又發動戰爭，結果雖逼得高麗請降，但是隋代的國計民生也由這戰爭而

遭受極度的擾亂。當煬帝還統率大軍在外遠征時，國內的變亂已經開始發生了。

像這樣的戰爭不能不說是極不正義的戰爭。判斷歷史上的戰爭的是否正義，本來可以有一個極簡單不過的標準，就是看這戰爭的勝利是否有利於人民。在戰爭中當然一定有犧牲，但在正義的戰爭中，人民的犧牲必能換得某種較大的利益，或至少消除了某種更大的災害。像我們正在進行的抗日戰爭，當然是一個正義的戰爭，因為抗戰的勝利不僅使我們不致淪為奴隸，而且更帶來了自由幸福的前途。但像隋煬帝的那種戰爭卻是一點也不包含這種內容的。在漢代、唐代的極盛時期，對外戰爭頻繁，其中也有多次是屬於這一類的。當時的人和後來的歷史家已有對那些君主加以好大喜功、窮兵黷武的批評的了。像在漢武帝時曾遣李廣利率兵十萬遠征西域（今新疆），回來時只剩了一萬人，所得的只是大宛的良馬三千匹，這對於國計民生自然是不但無利而且有害的。

這幾乎成了一個規律。在封建專制統治下，社會經濟稍稍繁榮、國力稍稍豐裕的時候，君主就要企圖用對外戰爭來擴充其威權。於是人民和國家的最大部分的財力都用在戰爭上，戰爭縱有所獲，但國貧民弱的現象也

就跟着產生。所以，縱使是漢代、唐代，其國勢向外伸張的時期都維持不長久。一轉身間，戰爭加在國內政治社會生活上的惡果便已出現，而在戰爭中積下了仇恨、培養了力量的外族也就乘機企圖報復了。

這是講戰爭。在戰爭以外的平時，專制統治者對這些塞外的外族又採取甚麼政策呢？在漢代有這樣兩種最主要的辦法。第一是所謂「和親」。如漢高祖劉邦在白登打了敗仗後，以宗室女公主嫁給匈奴的單于冒頓。並且每年送匈奴一定數額的絮繪酒米食物。但以後，漢代和別的朝代，縱使在沒有經過戰爭時，也採取這辦法來對付邊疆外族。該是王昭君出塞的故事的背景。在唐代，也嫁過很多公主到回紇、吐蕃和東北的奚、契丹各族去。也有單純送財帛來買得塞上的平安的，如東漢時曾每年送錢二億七千萬給鮮卑。

漢代還行了一種辦法是招致內徙。西漢宣帝時，匈奴中因為內部發生分裂衝突，有一部分由呼韓邪單于率領求誠，就准許他們入塞內居住。這是正式實行招致內徙政策的開始。以後這辦法常常使用。如在東漢光武帝時進攻東北的烏桓人不勝，便給以財物，要求他們搬到塞內來。因為兩漢、三國時繼續實行這政策，到了西

晉時，沿着北方六千里長的邊塞內的許多地方 —— 包括幽、并、涼、雍、秦各州（大致為現在的河北北部、山西、甘肅、陝西），都成了各種外族聚居之所了。這種政策的作用本有兩方面，一方面是改變外族的生活習慣，使他們和內地人民雜居，不致再在邊塞搗亂。另一方面是想利用這些入遷的人的武力以抵抗塞外的外族。唐代也聽任回紇、突厥及別族人入居，當時邊地的軍隊中雜有很多的外族人。

這兩種辦法都屬於所謂的「羈縻」政策。我們應該看出：封建統治者之行羈縻政策，決不是站在民族間和愛親善的立場上，以自己的較高的文化來扶持這些落後民族的文化進步。這種政策在施行中的實際情形是：一方面用官爵財帛子女來籠絡異族中的上層分子；一方面則通過邊疆地方上的文武官吏之手，對於異族中的下層人民，利用其在知能上的落後，加以欺凌剝削。很顯然的，這種政策是不能得到好結果的。既增長了外族中的上層分子對於權勢財富的貪慾，又增長了外族中的一般人民的憤恨，而這種憤恨便成為那些上層分子所得以利用的武器了。所以從這種羈縻政策中，常常引起更大的變亂。

晉代的五胡之亂可說完全是由此而起的。首先興兵作亂，滅西晉自建趙國的匈奴人劉淵、劉聰，據說是西漢時的冒頓單于的後人，但到他們時已數世住在塞內；雖仍是本部族中的酋長，但他們已受晉朝的封爵，和官僚士大夫相交往，所以也就學會了利用晉朝王室內亂（八王之亂）的機會而「興兵作亂」。他們向本族人號召的口號卻是「晉為無道，奴隸御我」，這話是很能打動匈奴和別族人民起事的。像在「五胡之亂」中的另一個首腦（也建國稱帝）的羯族人石勒，自己就曾被賣為奴。那時晉朝有個軍閥，把胡人捉去販賣，充做軍費，出賣時每兩個胡人用一個枷鎖住。即此一例，可見當時塞內一般胡人所受的不公平的待遇了。

在這種基本政策下，利用外族人當兵，尤其是危險的事。漢武帝時，國家的常備軍中就有多數的所謂「屬國兵」（即以匈奴、羌等各族降人組成的軍隊）。以後在軍制日益敗壞的情形下，屬國兵的地位漸漸更加重要。到了東漢時，在幾次對匈奴的戰事中，軍隊中的主要力量都是外族兵。西北的羌人在東漢時曾有幾次大叛亂，其中有一次（107年），就是因為他們拒絕漢當局要他們出征西域的命令而起的。東漢末、三國和西晉時，中國

內亂紛起，各地軍閥割據勢力更多僱用外族兵，像曹操手下就有烏桓的騎兵，號稱當時最利害的一支騎兵。唐時邊疆上守衛的將領和兵士也以外族人佔多數。

既沒有好的民族政策，而又給這些人居的外族人以武裝的機會，這自然是極易於闖大禍的。封建統治者因為組成和補充他的軍隊的困難，不得不飲鴆止渴。但這還是僱傭性的外族兵。有時統治者為了要平定內亂，還請求外族國家派兵來中國幫助，明末的吳三桂和五代時的石敬瑭固然是幹這樣的事的最有名的人，此外如唐代晚年，在發生了地方軍閥叛亂或人民起義、政府無力應付之時，幾次由皇帝出面請回紇或吐蕃派兵進來幫忙。—— 這種情形正是一個封建統治政權崩潰沒落時的表現。

唐代以後一千年中，大半是受外族侵凌甚至統治的時候，最後是滿洲人入關。固然我們至今仍痛恨清朝的侵略與統治，但是我們也必須看出，明代對於女真人（滿洲人）的待遇是異常不公道的。起初女真人是完全臣服於明政權的，但處處受到關外的明官的欺凌壓迫。他們見明官時必須三步一叩首，在交易互市中明吃許多虧，忍受額外稅銀和賄賂的勒索。而且明官還倚勢強搶

他們的主要出產——人參，殺死他們的部落領袖。因此後來努爾哈赤興師反明時，用「七大恨」的名義做號召。這也是不正義的政策招致惡果的一個例子。

在清朝的三百年統治中，對於邊疆各族的政策是怎樣的呢？對於蒙古人，他是完全加以軍事上的編制和控制，利用他們的武力，但禁絕他們求知的機會以阻塞其文化進步。對於西藏人，他是利用喇嘛教來施行麻醉。對於新疆，則又利用那裏的宗教和種族的複雜情形，實行挑撥分化，從而藉端出兵，加以屠殺。清朝政府對於蒙古、西藏、青海以及南方的緬甸、安南，內地的苗疆都曾發動過壓迫戰爭，在慘酷的屠殺中得到「勝利」。由封建統治者的立場來說，清朝在對待邊疆外族的政策上可算最巧妙，成功也最大，但在實際上，他的這些政策只是造成各族人民之間生活上的分隔和情緒上的對立，加強了各族在政治社會文化上的落後，以致給了後來新的侵略勢力——資本帝國主義力量——以覬覦中國邊疆的機會。這方法也正是清朝統治造成的重大惡果之一。孫中山先生在三民主義中所規定的民族平等的政策，正是直接有鑒於清朝的反動民族政策而提出的。

四、民族的苦難

在這種反動的民族政策下面，那些已經歸屬到中原的各族人民，常常因為忍受不了種種不公平的待遇，爆發起了報復性的叛亂。在清朝的統治下面，這類事件是很多的。這種叛亂實質上是專制統治激發起來的人民起義。把這類事件和那以有組織的武力，闖入內地，實行劫掠屠殺，建立種族統治的戰爭分別開來，是非常必要的。拿遠一點的歷史說，像東漢時的羌人的變亂，和西漢時的匈奴的入侵是並不能看作同一類的。因為羌人本已住在西北邊疆以內，東漢時的人也已承認地方上的官吏和豪強對於羌人侵奪壓迫，橫徵暴斂，至於極點，再加上苛重的徭役，這才逼得羌人鋌而走險。當他們起事時，大多並沒有武器，只能拿樹枝竹竿代替戈矛，用木板銅鏡當做盾，來抵抗漢政府連年不斷的進剿軍隊。所以西漢時的匈奴確是和漢勢成敵國，帶有侵略者的性質，但東漢時的羌亂卻是更多帶着被壓迫人民的反抗的意義的。

在當時的歷史條件下面，像羌人這樣的起義者當然不會明白他們所反對的其實是專制統治者，而並不是同

樣在這統治下面的漢族人民。在實際進行中，這種少數民族的人民叛亂變成了一般地以漢族人為敵，那也正是必然形成的歷史悲劇。當時的漢族人民中自然也不會有人識破這種悲劇的根源而努力加以消滅，而且這種種族間的歧視和仇恨又正是專制統治者所竭力加以助長的。

也有雖然是帶着被壓迫的外族人民的反抗的性質，但是因為在這些種族中已經形成了有權勢的上層分子，他們就利用了在人民中的反抗情緒和反抗力量來達到自己的貪慾和野心。這樣一來，反抗統治者的意義漸漸消失，唯一突出的性質倒是對於漢族人民的侵略壓迫了。滿洲的努爾哈赤的起兵是一例，前節中又提到西晉時的「五胡之亂」的情形，也可用來說明這點。像石勒和其他胡人曾被晉人賣為奴隸的事實，是絲毫不足以為石勒後來所建立的趙國統治政權辯護的。在石勒統治下，晉人民的被殺害和奴役的情形是異常可怕的。譬如有一次石勒破青州，打算把居民殺盡，被派了當青州刺史的人不高興道：「留下我是為了管理人民的，殺完了人民還要我幹甚麼？」便辭職不幹，這才留下了男女七百人。石勒更為了害怕晉人反抗，故意加人民以重役，常為起造宮殿城牆而一次徵發十多萬人來做苦工。這是石勒的趙

國統治下的情形，也正是在五胡十六國的一兩百年中，在此伏彼起的外族政權下人民受難的一般情況。

固然，在封建社會的時代，內戰中對於人民的劫掠殺害也是很平常的事，但是我們不能不說，文化較落後的外族人，在這方面的行為常是表現得格外慘酷。這些外族人倒並不是有着好殺的「天性」。其真正的原因是由於民族間長久的隔閡與仇視，由於本來很困苦的人一旦遇見較好的生活享受時必然引起的貪慾，更由於外族中的統治分子的煽動。並且在過着原始社會生活的各部落間發生戰爭時，把俘虜盡行殺死被認為是合理的事情。入侵中國的各族雖都已超過原始社會的階段，但是舊的習慣還殘留着，再加上由奴隸社會帶來的奴役制度（把被征服者視若奴隸，而有處決其生死之權），就使得他們的行為特別野蠻了。

13 世紀時的蒙古人的入侵和 17 世紀時滿洲人的入侵都有過極大規模的屠殺。蒙古初起兵時，還有人主張「漢人對我們沒有甚麼用處，不如把他們都殺淨，留下土地來做我們的牧場」。後來雖然沒有完全照這主張做，但是在有些區域內，是實行了這種「殺光」政策的。當時的北中國久已在女真族（金）統治下，人民一直過

着苦難的日子，等到蒙古兵席捲而來，現在的山東、河北、山西各省一帶，數千里間，幾無人煙。滿洲入關以後，舉兵掃蕩全國的時候，更是有意識地用屠殺政策來恐嚇人民。那些敢於守土抗戰的城市，在城破之時，都受到屠城的遭遇。「揚州十日」、「嘉定三屠」，是最著名的血腥氣的故事。光是揚州一地，在十天屠殺中，就死了八十萬人以上。

慘酷的屠殺和對財富的洗劫，自然是並行的。不論是企圖久佔中國內地或只是突入內地進行抄掠，這些外族侵入者都不會放鬆那使他們看了眼紅的中國財富。他們或者直接動手搶掠，或者間接向中國政府要索。像在唐朝晚年，首都長安為回紇和吐蕃人幾次洗劫，雖然他們馬上退回去了，但每次劫後，繁華的長安都變成了空城。五代時，契丹（遼）率兵佔領當時的首都開封，也是在不久後就退兵了，但開封周圍數百里的鄉村和契丹所過各州縣都被洗劫得乾乾淨淨。其屠殺也非常慘酷，如相州（河南安陽）全城只剩下七百多活人和十萬具骷髏。再後來，在北宋尚未南遷時，女真人（金）又兩次入犯開封。他們就不只是自己動手搶，而且要宋政府代為向民間搜括。他們把宋朝皇帝扣留在軍中，勒索巨額

的金銀財帛。開封城內派出好多官員到民間搜括八天，得到了金三十萬八千兩、銀六百萬兩、衣緞一百萬匹，又大搜十八天，再得到金銀衣緞若干，先後都交到金營，還嫌不足，最後金兵北返時，把開封城內宋政府聚斂起來的富藏和民間財貨都搬空了。至於其所過各州府更不用說了。

這些都是殺戮洗劫之後隨就收兵回去的事例。像回紇、吐蕃之入長安還是唐政府自己召請來的。因為當時長安已為地方軍閥所佔領，所以唐政府還和回紇約定說：「城破之時，土地人民歸唐，子女玉帛歸回紇。」但是侵入者往往並不只以子女玉帛為滿足，像滿洲人，本是被吳三桂邀請來趕跑佔領北京的李自成的，卻企圖把整個中國的土地和人民都收歸己有了。 —— 明政府固然由此而覆滅，整個民族更是遭受到深重的苦難：大量的田地被掠奪，多數的人民被奴役。

本來是過着遊牧生活的外族人，一到了中國內地做統治者時，總是首先憑着武力把最好的田地圈佔下來。從五胡亂華直到清朝，每一個外族統治者無不如此做法。我們只能略述蒙元、清朝兩代為例。蒙古統治者圈佔了民田後都分賜給他的王公勳臣，稱為「采地」。這

些王公勳臣或把采地化為牧場以供遊獵，或仍招募農戶從事耕種，或為私人的莊田。大的莊田中的農戶有多到七八萬戶的，可見所圈佔的土地之廣了。清朝時，不僅皇家和王公大臣都有巨大的莊田，而且它的軍隊（「八旗」）中每一成員都分配以土地。把所謂皇室莊田、宗室莊田和八旗莊田總計起來，大約總在兩千萬畝左右。這些土地都是從漢人手裏侵奪來的。極多的地主變成了貧戶，更多數的農民失掉了土地，不得不投身到外族的大地主那裏做農奴。

既接觸了中國較高的文化，這些侵入者的外族自然不能再維持其原來的社會制度，他們接受了中國的封建剝削關係，更加上一種對生產勞動者（農民）的直接奴役制度。這樣就使農民在異族統治者下面的苦頭更加深重了。就從一般社會生活上看，在外族統治政權下，種族間的不平等總是十分顯著的。統治的異族人享有各種特權，而一切苛重的義務都歸漢人負擔 —— 全部的租稅都加在漢人身上，而統治的異族人則擁有巨量田地而不必納稅。尤其在元代，更明白分出了蒙古人、色目人（包括西域各部族人）、漢人（黃河流域的中國人）、南人（長江流域及其以南的中國人）這四個等級，在政治法律上

的待遇和權利義務，都有顯著的高下之差。

因此，我們絕不能以為在歷史上外族入侵統治也不過是普通的朝代改換的意義。固然，他們是承繼了原有的專制統治者的衣缽，但又在這上面染上了種族統治的色彩。我們不能忽視在這種統治下面廣大人民的雙倍的苦難，也不能忘記這種外族統治對於中國的社會經濟、政治、文化的發展歷史是都起了消極的阻滯和破壞作用的。

那種大規模的劫掠屠殺和圈佔土地的行為對於社會經濟的破壞是非常顯著的。在外族入侵和統治的時期，農業生產停滯，耕地減縮，生產量減少是必然發生的現象。戰爭和苛重的賦稅對於手工業和商業的破壞也極大。就政治上說，在外族統治下談不到政治清明。一方面是侵入者因突然獲得優越生活而加速腐化，另一方面是中國本族人中有許多奸惡分子賣身投靠，憑藉外族勢力以求升官發財，結果自然弄到政治情況極端腐敗了。官場貪污雖然歷代都有，但是在異族統治的朝代（如元、清）特別彰明昭著，也是事實。

至於在文化上，這些外族統治者固然也學會了利用中國固有文化來做他們統治的工具（只有元朝沒有學會

這一套），但自然只是利用那對他們有利的一部分。對於中國人民中的思想知識的進步是採取仇視態度的。這在清代最為顯著。它推崇程朱之學做科舉考試學術思想上的標準，公開運用各種嚴苛手段實行思想文化上的統治。明末以後，學術界中原有一些比較新銳的思潮，竟被斬斷。這種阻滯中國文化發展的罪惡也是不應低估的。

近一千年來，充滿着種族的統治壓迫的血腥氣。契丹、女真在北中國先後相繼三百年的統治，蒙元和清朝在全部國土上的一百年和三百年的統治，都是加在中國史上的深重創痕。一千年的末後，又繼以近百年來的新內容的民族苦難，在不久以前，侵略者還盤踞在我們的一半土地上的。日本法西斯的侵略固然和遼金元清的侵入完全不同，但是它在戰區中實行着殺光、燒光、搶光的「三光政策」，它在淪陷區內大規模地掠奪糧食和一切物產，括削人民的骨髓，最嚴格地實行民族的壓迫和文化的統治。日本法西斯的侵略手段的毒辣殘暴實在是比歷代的外寇有過之而無不及的啊！

當胡騎踏進中原的時候

假如把中國封建社會比喻做一潭死水的話，那麼異族的侵入就像突然投入一塊大石頭；何況這潭水其實原來已經是在暗中波漪浪湧的了，因此投入的大石頭就更使得它立刻奔騰咆哮起來。前一篇文章中，已經談了歷代塞外各族活動的情形以及它們和中國之間的關係，現在我們就要講到當胡騎踏進中原的時候，在中國社會內部引起了些怎樣的反響。

我們的討論只限於這種反響在政治上的情形。說到這方面，自然我們會立刻想起那許多次歷史上反對異族侵略者的可歌可泣的鬥爭，同時也不能不想起那些認敵作父、賣國求榮的大漢奸。讓我們先從後一種人講起。既然他們的子孫——汪精衛、陳公博、周佛海之流在這次的抗戰中還繼續作祟，那麼這種醜惡的歷史更是值得我們回頭去看一下的了。

一、「兒皇帝」和「貳臣」

在歷史上的大漢奸首先不能不推五代時的石敬瑭。他求得契丹的幫助，滅後唐，受契丹之封為後晉皇帝。他把燕雲十六州割讓給契丹，並且每年搜括民財奉獻絹三十萬匹，其他珍寶珠玉也是不斷供奉。他拜了契丹君

長耶律德光為父，信件往返時，起先他是自稱為臣的，後來被允許以家人禮相待，改稱「兒皇帝」。——照當時人的看法，稱兒是比稱臣高一級的，所以石敬瑭死後，他的兒子石重貴繼位，沒有得到契丹方面的允許，即上書不稱臣而稱孫，耶律德光大怒，藉口興師問罪。

像石敬瑭那樣的人真可說是無恥之尤的了。就其家世說，他本非漢人血統，而是西夷人。但他的行為並不能以他的血統來做辯護理由。他在後唐時，任河東節度便。他正是當時貪婪縱慾、卑劣無能的軍閥官僚中的一個代表人物。和他同時向契丹獻媚、求封為中國皇帝的還有趙德鈞。趙德鈞是漢人，也是後唐的一個將軍，後來契丹兵進攻後晉石重貴時，趙德鈞已死，他的兒子仍想做皇帝，率兵踴躍地做契丹的先鋒。其無恥和石敬瑭父子不相上下。

石敬瑭開了在異族卵翼下做皇帝、稱臣稱子的先例。以後宋代的皇帝也有向異族侵略者稱臣稱姪，並割地求和的。南宋初年，更有兩個聲名狼藉的大漢奸，在金人（女真）手下做傀儡皇帝。

金滅北宋後，以黃河以南之地建楚國，封張邦昌做楚帝。不久後，南宋復國，誅殺張邦昌，金兵再南下，

又把河南、山東之地封給劉豫建齊國。金人因為怕一下子不能完全消化黃河以南的地區，想用中國人之力來間接統治，所以先後建立這兩個傀儡國，其用意和抗戰期間日本人在中國淪陷區建立各傀儡政權很相似。張邦昌在北宋官居太宰，是宰相的位置，但竟和金人暗中結交，使金人指名要他代宋做皇帝。劉豫在北宋也做過中央大官，南宋復國時，他任濟南知府，是獨當一面的地方長官。金兵一到時，他要率領百姓投降，百姓不從，他半夜縋城而出，到金營納降。降金後又鑽營金的大將撻懶而得了皇帝的位置。但這個人也不過是當時許多紛紛投敵的官僚中的最特出的代表而已。

　　蒙元的滅宋，滿洲的滅明，都是直接建立異族的統治，沒有製造甚麼傀儡政權，但是文官武將士大夫投敵求榮的多如牛毛。清朝的掃平全中國，主要的是依靠許多明降臣的力量。如吳三桂、洪承疇、孔有德、耿仲明、尚可喜、高傑、劉良佐等人都是率領了十幾萬軍隊而向滿清投降的。洪承疇受命為薊遼總督，負責對滿戰事，戰敗而降，明人以為他戰死了，還在北京城裏設壇遙祭，追贈優恤，不料他已率兵做了清軍的先鋒。後來各地起義抗清的人民武裝很多是被他剿平的。

清朝統治者自然非常重用這些降臣，但在既已建立了鞏固的統治政權以後，卻把這些降臣稱為「貳臣」，表示他還看不起這些變節投降的人。其用意自然是在向已經做了他的臣民的人鼓勵「從一而終」的「氣節」，要大家死心塌地，不再起甚麼二心。

　　我們並不是根據傳統道德中的「忠」的觀念來評價歷史人物。在我們看來，一個死心塌地效忠於專制統治者的並不就是可敬的人，一個始終做着異族統治者的忠實奴才的自然更是可悲的人。但像那被稱為「貳臣」的人，今天在專制統治的秩序中坐享高官厚祿，一到明天，又投身到異族侵略者面前爭取做開國元勳的榮耀，的確是把寡廉鮮恥的性格表現得最充分的了。不過，無論是在今天還是在明天，他們都同樣是拿人民的血汗做代價來填滿個人的私慾，其前後行為又還是一貫的。所以在歷史上，每當異族入侵，逼得舊的統治政權土崩瓦解的時候，從官僚士大夫中大量地產生這種可恥的「貳臣」，並不是偶然的事。這些人在還沒有公開投敵的時候，其實早已是禍國殃民的人物了。

　　像張邦昌，在北宋做大官時，已曾受到人民的公開申斥。金兵圍攻汴京時，張邦昌和李邦彥等人都主張妥

協求和，對於認真抗戰的李綱等人竭力排擠傾軋。所以當時的太學生曾聚眾上書說：「其庸繆不才、忌疾賢能、動為身謀、不恤國計者，李邦彥、白時中、張邦昌、趙野、王孝迪、蔡懋、李梲之徒是也，所謂社稷之賊也。」這正是當時民間的公論。北宋末葉，當政的都是這一類「動為身謀，不恤國計」的人，在他們手裏，弄到民生凋敝，民怨沸騰（這就是梁山泊好漢的故事發生的背景），弄到將驕兵弱，每戰必敗（和金人相約攻遼，金已破遼，而宋兵仍節節挫敗，遂啟金人輕視而長驅直下，無以為抗），弄到在兵臨城下時，還是和戰不定，終至把中原奉讓給異族。—— 所以這些人不論後來是否像張邦昌那樣公開降敵，但在實際上都是扮演着給異族的侵略者鋪設道路的角色。

南宋初年又出了一個遺臭萬年的秦檜。他雖沒有降過金，但他曾被拘金營，自稱是乘間逃歸的。事實上是已和金人勾結好了。所以他不惜誣害有能力禦金的大將，來促成和議，和議的結果是宋稱臣奉表於金，金冊封宋主為皇帝，並割讓淮水以北的土地，每年又奉銀絹各二十五萬於金。在對外這樣屈辱的時候，他對內則實施很嚴格的統制，邏卒密佈，以排除異己，鉗制民意。

這樣就使南宋再也沒有力量翻過身來，只好坐待亡國。所以後世雖還很有人為秦檜辯護，但事實俱在，他的罪惡實在更大於石敬瑭、張邦昌、劉豫一流人。他的名字不能不寫在〈漢奸傳〉的前列。

明代情形也大體相似。明代後期政治上最有權勢的是太監，許多腐敗的官僚都奔走在太監門下，把整個國家弄得一團糟，使清軍得有機會從容地問鼎中原。到了明政府流亡江南的時候，朝中當權的還是屬於太監政治集團中的馬士英、阮大鋮。他們也使這流亡的政府加深腐化，他們也和清人講和，情願割地賠款，他們也多方阻撓積極抗戰的史可法等人。到了最後，他們看到已不能再依靠明政權而安享富貴的時候，便公開地投順了清軍。

我們不能不指出，這些可恥可恨的敗類，都是在封建官僚政治內部必然的產物。他們本來就和人民站在對立的地位，所看見的只是個人的私利，當然不會想到在異族入侵下人民的沉重苦難。為了自己安享富貴尊榮，他們是甚麼事都可以做的。但是同時，我們也要指出，當歷史上每度異族入侵時，從官僚士大夫中也不是沒有發生過夠得上稱為民族英雄、值得我們歌頌的人物的。

二、英雄如何產生

　　當金兵入侵、宋室南遷的時候，在宋朝文武官員中雖然有很多走着張邦昌、劉豫的路線，但同時也有李綱、宗澤那樣的人，他們身當危急之秋，在朝廷中堅持抗戰主張，並且用實際行動鼓勵士氣，激發民心，這才奠定下南宋建國的基礎；也有岳飛、韓世忠那樣的人，他們在南宋初年，親率大軍，輾轉苦戰，阻止了金兵南下，還一時把戰事失敗的形勢扭轉了過來。這些人的確是值得歌頌的英雄。在當時，宋朝政府並沒有堅定的抗戰政策，朝廷中妥協求和的論調始終佔着支配地位，所以像李、宗、韓、岳那樣的人是尤其可貴的了。

　　在我們歌頌這些英雄的時候，應該看出來，為甚麼他們能夠成為英雄。

　　前面提到，在劉豫降金時，濟南人民不願從他，由這一事就可知道當時的民意了。在那時隨着金兵南下，大河南北一切淪陷土地中都有義兵蜂起，那都是人民自動起來守土抗敵的力量。李綱、宗澤竭力主張重用這種民軍。宗澤在最危急時，能夠堅守開封，化險為夷，就是因為他和河北、山西各處山塞中民軍聯合了的原故。

他之所以自信能夠渡河收復失土也是因此。岳飛、韓世忠也是同樣。因為他們敢於提兵北伐，所以人民踴躍投效，士氣旺盛，而黃河以北的各地義軍也紛紛給以響應。在這些自動起來的義軍被朝廷中主和派誣為盜賊、加以詆毀的時候，宗澤曾向宋高宗說：河東、河西的人民紛紛起來勤王救駕，甚至有在臉上刺了字以示和金人誓不兩立的，他們都是忠義之士；現在皇帝卻把勤王者看作盜賊，豈不是褫奪了天下忠義之氣而自絕於民麼？宗澤這段話可以表明他們是如何尊重人民的抗金力量。能夠尊重人民的，也就為人民所愛戴，像李綱受主和派攻擊而被罷免的時候，汴京城裏的軍民不期而會的數萬人，一起在皇宮前面喧鬧，不看到李綱復職就不散，這就逼得皇帝不得不把李綱重新召回。

由此可見，這些英雄的產生也決不是偶然的。產生這些英雄的背景是當時在人民中的抗金的情緒和力量的高漲。他們的主張和作為確是和人民的願望相符。並且他們能夠看出人民的力量而願與之結合，因此他們也就能夠得到人民力量地支援了。

同樣的情形也可以在明末看到，在明末也有史可法、何騰蛟、張煌言、鄭成功等許多人，他們也是站在

官僚士大夫的身份上，和當時在人民中風起雲湧的反清潮流相結合着，堅持不屈地從事鬥爭，一直到死方休。像何騰蛟，在南明政府下鎮守湖南、湖北，能夠集合各地人民義軍，並且和李自成舊部的農民軍隊合作抗清；像張煌言，在清兵已席捲東南的時候，還在浙江各地發動義軍，在浙閩沿海苦鬥了十多年。他們都是在力戰之餘，失敗被俘，堅決拒絕誘降而從容就義，這種堅定的節操確是可歌可泣，而他們和人民結合的這一個特點更是不應埋沒的。在那時，也還有很多的屬於士大夫身份直接在民間組織義軍抗清的，像有名的學者黃宗羲就是其中的一個。

我們可以看到，當舊的統治政權在異族鐵蹄下面陷於崩潰的時候，自然在整個的統治階層中引起了巨大的震動。有狡黠卑鄙的人立刻投順了異族的「新朝」，去做新貴，也有沮喪絕望的人採取消極的自殺的手段，「以身殉國」。這後種人雖也節烈可欽，但其實只是統治者無出路的表現。這樣的人在歷史上也並沒有能當作英雄的名字而留傳下來。最後還有一部分人，他們面臨到國破家亡的危機，眼看着舊統治機構的殘破無能，卻能夠回頭看到了人民中的力量，於是他們把個人的堅貞不屈

的品格和依靠人民的方針在某種程度上結合了起來，這才使他們成為永遠值得追念的英雄人物。

從今天來看，這些人和人民結合的程度還是非常不夠的。他們究竟仍是從統治者的利益的觀點出發。所以他們並不能真正站在人民中間，而仍是抱着統治者的利用民力的看法。當統治政權還在主張着對外敵妥協求和的時候，他們就不免陷入了矛盾之中，以致像岳飛那樣被牽引到風波亭的悲劇之中了。——這種由歷史時代和身份地位所給與他們的限制誠然很大，但假如因此而把他們一筆抹殺，那就不是公正的歷史估價了。

反過來，我們也可以看到，專制統制政權在還保存着足夠的力量時，對於異族的入侵，是也會主動地實行抗拒的。但一面進擊外族，一面仍直接加害人民，這就使他們的對外戰爭沒有甚麼意義。例如東晉和南宋偏安一隅，在統治力相當恢復後，都曾進行過北伐。東晉時劉裕北伐，成果最大，連長安都從異族手裏恢復。但他在長安橫徵暴斂，並不使人民的苦痛稍減，於是不到一年以後，長安又被匈奴佔去，而這時劉裕已回到南方，想搶皇帝做，不再顧到北伐了。南宋時，由於一貫地對金屈辱議和，已經漸使民氣消沉了，到光宗時，韓侂冑

為相，內政上毫無改進，受清議的批評很厲害，卻想博得收復失土的美名，但兵釁既開，連連敗北，結果還是議和了事。—— 這些正是明白地表明了，倘不和人民的利益一致，沒有真正取得人民的信賴，那麼單純在軍事上和入侵的異族周旋也還是無效的。由此也就更加證明了，能夠稱為民族英雄的人，是只有那在或大或小的程度上，和人民結合在一起的人。

在歷史上的民族英雄中，我們更忘記不了在明代中葉禦倭的名將。那時，在東南沿海，深受倭寇侵擾，形成很大的危機。數十年間，官兵不斷進剿失敗。在最危急時，俞大猷、戚繼光諸人起來了，他們出身貧寒，多知民間疾苦，因而知道如何才能動員人民力量，用新的方法編練軍隊，並堅決執行軍民聯合一致的方針，這樣才能把倭寇肅清。假如不從他們和人民結合這一點上看，是無從了解為甚麼他們在當時獨能成就這樣的功業的。

三、「南渡君臣輕社稷」

宋、明兩代，在面對着金元和清軍的侵略時，雖然在統治階層中也產生了一些能和人民結合的英雄，但是

它不僅分化出很多力量，做了侵略者的幫兇，增加了侵略者的力量，而且整個地來看，宋、明政權在侵略者前面所表現出來的只是無能與怯懦。北宋亡後有南宋，維持了一百五十年的生命，明朝在退出中原以後，也還有支撐了二十年的南明政府。這種在憂患中產生的政權，卻也並不能表現出振作有為的新氣象，只是在苟安泄沓之中自行腐爛，以致在侵略者繼續進攻時，只能不斷地退讓奔逃，漸趨絕滅。這是有更早的歷史前例的。最早的有東晉，也是在退出了北方以後，一味在南方宴安享樂。不過那時的異族力量比較散亂，所以其結局和宋、明不同，沒有直接為異族吞滅。

我們已經討論過封建專制政權在本質上是和人民對立的，也說明過在專制主義官僚主義的統治下，軍事上政治上的內在矛盾，及其腐敗瓦解的危機。在這裏，我們就可看到，從外面來的侵略者的勢力就使這些矛盾和危機赤裸裸地暴露了出來，雖到最危急時也無法加以克服，那就只能委屈求和，苟且偷生了。

軍事上的危機是克服不了的。當金兵南下時，一路經過險關要津，全無宋兵抵禦，使金人都歎息說，宋朝太無人了。足見當時宋朝軍隊的無能了。南宋末年

也是如此。賈似道曾以宰相的身份，統兵百萬，抵禦蒙古，然而戰無不敗，於是他私自向蒙古議和，答應稱臣納幣，蒙兵一度退走後，他就回來向政府報告大捷。這實在是因為在專制主義官僚主義的統治下，早已把軍隊腐化到極點，一遇外寇，自然就只能演出這可憐的情形來了。

在統治者內部的分歧對立的危機也是克服不了的。封建專制政治雖有統一之名，其實是內部充滿着矛盾的因素，所以一到專制政權在外寇侵入中被削弱時，就更加渙散了。像在南明的福王政權時，不僅朝廷中有主和的大臣結黨排擠主戰的將領，而且在各實力派之間也衝突得很利害，以致形成內戰，而葬送了抗禦清兵的力量。福王政權覆滅後，接着又有唐王與魯王兩個政權成立，他們同是明室的後裔，同是局促一隅的小朝廷，同受清軍威脅，但仍不能和衷共濟，而互相對立，勢成水火。這自然不只是這二王的不合作，也正是反映着兩個官僚集團、兩個實力系統的對立。

最大的一個問題還是統治者和人民對立的問題。在侵略者勢力深入的時候，統治者未嘗不想到要「收拾民心」。北宋欽宗在汴京被圍時曾下詔號召河北人民勤王

之師，甚至說：「天下平安，朕與爾等分土共用之。」南明時也曾想到，發動義軍，「招撫」「流寇」（其實是農民起義的軍隊）。要是貫徹這方法，未始沒有救。然而他們不能。南宋立國，起初還繼續任用義軍，後來就稱之為盜，命令他們解散。南明各小朝廷也都局限在自己的小範圍內，只圖如何增加自己的軍力，卻眼看着在東南各地風起雲湧的義軍一個個被清軍消滅，不給以任何援助。而且這些偏安的政府在一切方面都和過去一樣，繼續着封建專制主義的各種制度和政策。因此一方面，人民因為身受異族荼毒，很自然地會傾向於這些新政府；但另一方面，因為新政府的實質和表現仍是如此，它和人民之間的隔閡甚至軋轢終於還是不能降低。

在這樣的情形下，統治集團中縱有個別的分子能和人民結合，堅持着抗戰的政策，也不能不受制於整個政治形勢，而無從盡其全功。像風波亭的悲劇在歷史上也不只演了一次。清軍尚未入關時，明代曾有熊廷弼、袁崇煥等幾個大將固守邊疆，很立了些戰功，然而他們卻也遭遇到了岳飛同樣的命運。原來在封建專制政權越是趨於滅亡的時候，越是不容許在他自己內部產生特出的英雄，形成一個特出的力量，必須把它拉來同歸於盡。

所以一個李綱支持不了北宋的危局，一個文天祥挽救不了南宋的末運，一個史可法也無助於南明的福王政府。他們既仍是依靠着當時的統治政權，因此也就只能在這崩潰的歷史上扮演一個悲劇的角色了。

既然可用的民力棄置不顧，能戰的部分力量又加以摧殘，結果自然只好一意求和了。他們是想用求和來緩和外寇，並緩和內部的政治社會的矛盾。但這自然只是空想。妥協求和的方法一方面只足以使外寇有機會從容佈置，逐步深入；一方面又只足以使民心渙散，民情更加背離。而且在自己已處於劣勢地位的時候，求和更難成功。假如南宋還能夠和金人拖了一百多年，那麼南明在清朝面前，是連苟安一時都辦不到了。

南宋的偏安政府，南明的小朝廷，其處境何等危急困窘，而其統治者荒淫無恥，燕遊逸樂，實在也到了極點。南宋詩人寫臨安（杭州，是南宋首都）的詩道：「暖風薰得遊人醉，直把杭州作汴州。」南明詩人寫南京的詩也說：「而今也入煙花路，燈火樊樓似汴京。」這正是這時上層社會的情緒的表現。此地雖是杭州、南京，但是繁華景色都和北方的舊京城一樣，何必還想望甚麼呢？無怪乎又有詩人痛心地說：「南渡君臣輕社稷，中

原父老望旌旗」了。在那胡騎踐踏下的人民天天巴望着故國旌旗，這些偏安小朝廷的君臣卻都忘記得乾乾淨淨了。據說，南明福王宮中還掛着楹聯道：「萬事莫如杯在手，一生幾見月當頭。」這充分表現了已看到自己的末路的專制統治者的心理。他們既不敢戰也不能戰，只是為了顧全自己的統治地位而求和，那麼他們就不能不粉飾太平，掩蓋危亡的事實，到了連苟安一時都難做到的時候，也仍盡量使自己麻木，暫且利用眼前的特權地位縱情享受一番。

四、不死的人民力量

但這些被異族入侵亡國的歷史並不能使我們得到悲觀消極的結論，因為我們在每一時代都可以看到在苦難中掙扎奮鬥而取得了最後勝利的人民力量。

在現代意義上的民族觀念，是不能要求於過去中國社會中的人民的。因為那時既然是以個體小農經濟為基礎的分散的封建經濟，人們所有的只能是濃厚的鄉土觀念，一般的民族觀念是不可能有的。而且廣大的人民一向處於本國的專制主義官僚主義的重壓下面，國家對他們只能給以災害，愛護自己的國家那樣的觀念在平時也

是很難產生的。只有在異族大規模入侵的時候，生命被屠殺，妻女被姦淫，田園被佔奪，這才在人民中喚起了強烈的反應。當人民看出了入侵者是語言風俗習慣完全不同的異族，而且想以他們的風俗習慣來改變中國，種族反抗的意識就在人民中勃興了。所以不論異族侵略者怎樣地軟化了封建統治勢力，總不能避免人民的堅強的反抗。

這種種族的反抗首先還是表現為鄉土的保衛。早在五胡侵佔中國時，黃河南北的各地人民已有很多自動武裝起來，保鄉自衛的。他們的組織稱為「塢」或「壁」、「壘」、「屯」。在晉朝的官僚士大夫已渡江到江南去宴安享樂的時候，在中原和異族統治者反抗的就是這些人民。宋代反金的人民武裝稱為「民兵」、「義軍」或「忠義巡社」，在山東、山西、河南、河北，到處都有。其中最有名的是太行山的「八字軍」。八字軍領袖王彥，本是一個小兵，在金人已佔領汴京時，他和七百人共避入太行山，都在臉上刺了「赤心報國，誓殺金賊」八個字以示決心。他就以這七百人為基礎，團集了分散各地的許多義軍，成為十餘萬人的力量。從此太行山成了一個抗金的根據地，在金兵不斷進剿之下支持了十多年。

金人之所以沒有能順利南侵，滅亡南宋，這些人民義軍在它心腹內的牽制活動是有很大作用的。更以後，當蒙古人入侵和清軍入侵的時候，中國各地人民的反抗也是很激烈的。

在反清的鬥爭中，像麻三衡領導下的七家軍最後失敗時，麻三衡和全軍中的其他領袖和戰士沒有一個受敵勸誘投降，寧可殺身成仁。又像在閻應元領導下的江陰縣百姓，守城起義，竟以彈丸之地吸引了清軍二十四萬，抵抗八十一日之久，城破的時候，還是頑強抵抗，幾萬人同心死義。那種精神實足以代表中國人民中最高的節操。

這些守土抗戰的人民中的主要成分自然是農民或城市中的平民。但因為所對抗的敵人是異族的侵略者，所以也有士紳地主來參加的。像反清的各地人民義軍，有許多還是由士紳地主發動和領導的，但其基本的力量總不能不依靠廣大的下層人民。

也有純粹由下層人民組成，本來的目標是為了反對專制統治者，但當異族統治者入侵時，立刻把鬥爭的目標轉移過來了的。最顯著的史例是在明末。當時李自成所領導的農民隊伍推翻了北京的明政權，清軍入關又把

李自成從北京趕出去。這時反明的李自成部隊就一變而為抗清的最堅強的力量。李自成雖已戰死，但他的部隊仍有五六十萬之眾，在他的姪兒李錦和別的將領率領之下，在山西、陝西一帶和滿清對抗，以後被迫退到了湘、鄂各地，還和南明政府合作抗清。這部分力量是在抗爭中堅持得最久的，一直到南明政權完全消失後，在湘鄂各地仍舊此伏彼起的人民抗清鬥爭中還可以看到他們的蹤跡。

但是我們不能不看到，封建專制政治對於人民的反異族鬥爭的妨害。縱在異族入侵、玉石俱焚的時候，人民和統治者之間的軋轢還是不易消除的。一方面專制統治者帶着傳統的成見，縱然對於抵抗異族的人民起義，也仍或者採取冷淡的態度，或者竟稱之為盜寇，像南宋之初那些人民義軍，有許多在傳統的史書中卻只留下個「羣盜」的名稱。湖南李自成的部眾雖已參加抗清的戰爭，南明政府也仍目之為流寇。而另一方面，在封建社會自發的農民鬥爭究竟還是帶着落後性的，沒有一種遠大的方針來指導自己的行動，因此雖然在異族侵凌的危機已到了極點時，只因加在他們身上的本國的封建壓迫仍然存在，他們在鬥爭中的步驟與目標也常不免分散。

而且他們也只能在各地零星爆發，不易團結而為整個力量。專制統治者既不能把這一切力量都集中在反異族的一個目標下面，卻反而進行「剿匪」（如南宋、南明與異族對抗時都曾用很大力量在後方剿匪），這就更使社會內部的軋轢加深，更加消耗了人民的力量。由於這些原因，在異族入侵時，雖然人民中的反抗很激烈，也還是不免於逐漸地失敗。人民的力量，在那種封建的社會政治條件下，到底還不可能掌握整個局勢的發展。

然而一旦到舊的封建政權已經完全絕滅，異族的統治已經鞏固的時候，官紳士大夫大半都看到「天命所歸」，去和「新朝」合作了。其中好一點的也只是退隱山林，採取消極的不合作態度，而人民的力量雖也因為受殘害太大，一時比較消沉了，但是在異族的統治下面，無論在元代和清代，人民的反抗鬥爭都沒有一個時期停止過。最終摧毀了異族統治的，也還是從廣大的農村中爆發出來的人民的力量。最早的如統一了五胡十六國的鮮卑族的魏國，在其瓦解時就遇到了西北各地普遍的「民變」。到了蒙元和清朝，是遭遇到了規模更大、更顯著地帶着反種族壓迫的性質的人民起義。元朝的一百年統治中，北方有「彌勒教徒」的反抗活動，南方也有各

地此伏彼起的農民叛亂。清朝三百年統治中，在其中葉以後，各地人民的叛亂大大激烈起來，最後總結為南方的太平天國、北方的捻黨。這些都被當時的統治者認做盜匪，但我們在今天來看，自然不能不說那是反抗種族壓迫的人民鬥爭。

這些人民鬥爭正給滅元建明的朱元璋和滅清的「辛亥革命」開了先路。朱元璋的能夠趕走蒙元，也還是直接依靠了元末的極廣大的人民變亂，而辛亥革命本身更是一個人民的革命運動。

所以就是在封建時代，反抗異族的最頑強的最堅韌的力量也是從廣大農村中出來的人民力量：人民中的這種力量像是磁力一樣，曾經吸引了在封建統治者中的某一部分人，使他們能夠成為英雄；就是整個封建統治勢力，在危難之時，也會不得不看到這個力量，乞援於這個力量，而且在實際上得到了這個力量的支持；最後，那取得了一時勝利的異族的殘暴統治，也還是不得不失敗在人民的不死的力量前面。

逃不了的滅亡命運

失敗的「變法運動」

沒有救自己的能力

在不變中坐候末日

歷史不會回頭

近二十年來，在國際間出現了法西斯主義制度。希特勒、墨索里尼的專制統治曾經引起很多短視者的讚歎，認為這種制度再強有力也沒有了。但是有遠見的人早已看出，法西斯統治，在實質上，是極不穩定的，它所造成的國家的富強是極不可靠的。—— 果然，到現在，事實已經證明後一判斷是完全正確的。

回顧歷史上的封建專制主義時代，也有人為某些朝代的極盛期所迷惑，他們俯伏在漢武帝、唐太宗之前，覺得那時的確是至善至美的「黃金時代」，簡直可以做萬世的規範。但其實就全部專制時代的歷史來看，卻是充滿着杌隉不安的現象、變動紛亂的危機的。—— 在我們以前談過的許多題目之下，已經證明了封建專制主義的統治，在實質上，也是極不穩定的，它所造成的國家的富強也是極不可靠的。

在變亂危機沒有表現出來以前，封建統治者也以為自己已建立了最美好的社會制度，以為自己的統治地位穩若泰山，以為這種統治秩序可以長治久安，永垂不朽。但是一旦形勢變化，危機爆發，他們的主觀願望就被摧毀得乾乾淨淨。到了這時，統治者無論怎樣掙扎，都是無效的了。

我們既已分析了封建專制主義統治內部所包含的和外面所遭遇到的各方面的困難和危機，現在，讓我們看一下他們如何應付這些困難和危機及其終極的失敗。

一、失敗的「變法運動」

秦始皇併吞六國、統一天下之後，規定下自號「始皇」，以後子孫繼位，就叫二世、三世，以至無窮。不料他自己剛剛死去，農民起義的烽火已經起來了，使他的政權短命而亡。

農民起義是下層人民不滿現狀，用武力來要求變革的行動。我們在「大地下的撼動」一章中已經說過，因為農民沒有在政治上發言的權利，所以他們的變革的要求只能表現為武裝的行動。

秦的失敗留下一個教訓，使上層社會的人也不大相信萬世一系的可能了。漢代就有人根據五行相生相剋的說法而主張每一個朝代都是順著天意而興起的，但到了一定時候，天意會背棄他，於是這個朝代就不能不讓位給另一個合於天意的新的朝代。到了漢昭帝（武帝後的一個皇帝）時，居然就有人公然向朝廷建議說：近來泰山下有一塊大石頭忽然自己站起來，上林苑中有棵倒

下的枯柳也忽然站了起來，這都表示漢朝的氣運已經完畢，民間將有新的天子起來，所以漢帝應該訪求賢人，實行禪讓。——這種說法不能只看作迷信的思想（漢朝人是有很多迷信思想的），因為這正是反映了漢朝當時社會的極度不安定。原來在漢武帝時，雖是國運最盛時期，但由於武帝四方征伐，百端浪費，橫徵暴斂，不恤民力，結果就弄得社會經濟殘敗，民怨沸騰。於是在上層社會中也就有人看到這種危機，覺得情勢非來個變動不可，便在迷信的外衣下提出了這種主張。

掌握着政權的統治者哪裏肯自動讓位呢？提出禪讓要求的眭孟就以妖言惑眾之罪被殺了。繼眭孟之後，還是有人傳播這種主張。但這種變革的主張只是要另換一姓的皇帝，其實政治經濟的危機哪裏是去掉姓劉的皇帝，換一個別姓的皇帝就能解除的？

結果，王莽利用了這時對漢朝不利的空氣，推翻了漢政權，自己做了皇帝。那時社會的秩序是更加混亂了。王莽知道，光是換朝易代，問題不能解決，於是他大刀闊斧地在社會經濟制度上進行一整套的改革。王莽可算是在封建統治者羣中第一個企圖大規模進行變法改制運動的人。

在那時，基本的社會問題在於官僚貴族豪富兼併土地，使許多農民無地可耕，流離饑饉。同時又有許多暴富的大商人囤積物資，壟斷物價，高利貸款，使小民更無以為生。王莽所企圖實行的新制度，基本目的就在於限制大土地所有者的土地，並由政府來管理物資，平抑物價，低息貸款。他的政策中包含着濃厚的空想成分，所以似乎很激進，最顯著的就是他的土地政策。他根據了古來的一些傳說，想恢復上古的所謂「井田」制。他規定每一家人家只能有一定數量的土地，所有的土地都稱為「王田」（國有土地），絕對禁止買賣。

王莽的新政結果完全失敗。他所頒行的各種政策，實行了沒有幾年，都由他自己一一宣佈取消。其所以失敗，是因為他的政策侵犯了貴族富豪的權利。他既完全屈服於貴族富豪勢力而自行宣佈新政的失敗，反過來，他就更加強了對於人民的壓迫剝削。人民本來也許對王莽的新政存着一些希望，現在得到這樣的結果，自然是更加激起不滿了。既然統治者沒有能力改善社會的情勢，人民就不得不自己動手起來。所以又一次農民興起，推翻了王莽的政權。

提到歷史上的變法運動，除了王莽以外，我們就要

想到北宋時的王安石。

王安石實行變法，時在北宋開國後一百多年。在他以前三十年，范仲淹做宰相，已經提出過改革政治的主張，但遭遇守舊的官僚的反對，一點成績也沒有就下台了。但是當時客觀形勢的發展，急迫地要求統治者的政策非有所改變不可。王安石得到神宗皇帝的支持，大權在握，就全力來推行一些新的政策。

王安石所行新政中，主要的有「青苗法」。當時富戶在農村中高利盤剝農民，「青苗法」是由政府用較低利息借錢給農民。又有「免役法」。當時平民有給官府當差的義務，受累極重，為了逃避力役，人民有出家的，有逃亡的，甚至有自殺的。「免役法」是要人民出免役錢，官府拿這錢僱役，不再強派人民服役。又有「方田法」。這是丈量田畝，想清查達官貴人隱瞞逃稅的田地。又有「保甲法」。這是普遍地訓農為兵，企圖用民兵來代替募兵，以挽救當時軍隊腐敗而外患緊迫的情勢。

原來在北宋時，由於官僚機構中冗員充斥，加以宮廷和宗室貴族奢侈浪費，弄得國庫日窘，無法維持。同時官僚地主富商利用一切機會對人民剝削，弄得民間怨憤，時起變亂。王安石的新政是想挽救這種危機的。但

是一切舊官僚和地主富豪都向他集中了瘋狂的反對。雖然因有皇帝的支持，他一共做了七年的宰相，但神宗一死，他就罷官，舊派代表司馬光上台，把他的一切法令全部廢除。從此在北宋官僚中發生了新舊派的黨爭。兩派交替着執政，互相排擠攻訐。結果政治一點也沒有改良，社會情勢一天天惡化。統治者只能眼看着內憂外患的危機日漸加深，終致金兵入侵，北宋淪亡，這時上距王安石變法失敗時只有四十年。

我們還可以談一談清朝末年的「戊戌變法」。那時正在清朝被日本戰敗以後。清當局的腐敗無能，中國的危機是誰也不能掩飾的了。統治者的動搖和人民的不安都到了極點，亡國大禍迫在眼前。

這時康有為、梁啟超等人設法說動了光緒帝，企圖革新政策來挽救危局。康有為上皇帝書中引了世界各國的例子來證明「能變則存，不變則亡，全變則強，小變仍亡」。他又說，方今之病在死守舊法而不知變，處列國競爭之世，而行過去唯我獨尊時代之法，就好像已到夏天還穿皮衣，要想渡河卻坐大車，結果一定是熱死淹死。他主張變法的話說得雖很痛切，皇帝在戊戌那一年（1898 年）也完全接受了他的意見做，但結果只做了三

個月就垮台了。這三個月中由皇帝親自下了無數道的革新詔書，其中包括廢八股科舉、建學堂、辦銀行、設鐵路、辦礦務等內容。但一切革新只表現在白紙黑字的詔書中，上上下下的官僚集團不但不執行，而且擁戴了慈禧太后來打擊維新運動。維新派都從朝廷上被趕跑，連那不安本分的小皇帝也被拘禁了起來。

這幾次都是從上層社會統治集團中發動的變法改制運動。假如沒有內外種種危機震撼專制統治下的秩序，這種運動自然是不會發生的。但它們雖借帝王之力而推行，卻仍不免於失敗。這些變法運動的性質及其失敗的原因是值得我們來進一步分析一下的。

二、沒有救自己的能力

首先我們應該指出，這一切由上層社會所發動的變法運動並不是甚麼徹底的改革，就是說，並不能真正解決當時的政治社會問題。

封建統治者所遭遇到的困難危機，無論其具體形態是如何，在基本上都由於這種統治是憑藉着腐敗的官僚機構而建立在對於千百萬農民的殘酷剝削之上的。這是我們在以前各篇中已經分析到的。因此，假如要徹底地

解決問題，那就非根本改造這種社會政治制度不可。就是說，要使千百萬呻吟苦痛的農民從封建桎梏下解放出來，可以在自己的土地上勞作，不必把大部分的收穫都供奉給地主和國家。也就是說要取消地主在經濟和政治上的特權地位。這樣做了，才能根本斷絕寄生的腐敗的專制主義官僚統治機構的基礎。——在封建時代，起義的農民雖然不能明確地自覺到這些，但他們的行動確是趨向這個目標的。然而上層社會中的任何革新派卻絕對沒有這樣的企圖。

王莽、王安石的新政固然包含着給農民減輕負擔的用意，康梁的變法固然和當時不滿現狀、企求新的出路的人民願望有相通之處，但是他們決不是站在人民——農民立場上提出改革主張的。

王莽在創議新政時，指出當時的事實是：「富者犬馬餘菽粟，驕而為邪；貧者不厭糟糠，窮而為奸。」這是說，貧富不均太嚴重了。有錢人太無法無天，結果弄得窮人連糟糠都吃不飽，他們在沒有辦法的時候，就會起來作亂。這話可算是對整個上層社會的一個警告：一旦弄到廣大人民起來反叛作亂的時候，大家都沒有好日子過了。王莽預見到這種危機，所以他才實行新辦法，

想把貴族富豪的權勢稍稍抑制一下，想使社會間的軋轢不安漸漸和緩下去，這樣來維持專制主義的統治秩序。王安石的新政也是這樣的用意。當時在宋政權統治下，各地農民的叛亂已經在零星發生，王安石一面想用「青苗」、「免役」諸法使農民最迫切感到的苦痛減輕一些，一面想用「保甲法」中的十家一保，一人犯罪，同保人不先告發，連坐受罰的制度來控制社會秩序。

而且王安石實行新政，基本出發點還是為了增加國家的財政收入，而不是改善人民的經濟生活。如何增加國家收入？仍舊要從廣大農民身上打主意。他的辦法是制止地主官僚富豪對於農民在某些方面剝削無度的權利，而把這種權利由政府來獨享。譬如「青苗法」就是把向農民放高利貸的權利收在政府手裏。固然政府規定的利息減低了一點，但也還有二分，所以當時反對新政的人斥為政府對人民重利盤剝。至於「免役法」，人民所出的免役錢為數很不小，政府不過以其中一小部分來僱役，於是政府又多賺了一大筆錢。王安石說：「因天下之力以生天下之財，收天下之財以供天下之費。自古治世，未嘗以財不足為公患也，患在治財無其道耳。」這就是他提出變法主張的基礎。所以他只一味設法增加政

府的財源，而對於專制政府官僚機構的浪費卻絲毫也不想加以緊縮。因此，上引王安石的話未嘗不可以解釋做把天下老百姓的財力都集中到政府手裏，由政府來分配給全體統治層的人一起享受。

王莽的政策，情形也是一樣的。有人以為那是「國家社會主義」，實在是擬於不倫。他的「王田制」縱然實現了，也並不是每個農民都成為自由獨立的耕種者，不過是從地主富豪的剝削下轉到專制政府的直接剝削下而已。因為政府還是用日益增多的賦稅來儘量搜括農民的生產品的，這哪裏有甚麼社會主義的氣味？徹頭徹尾還是封建專制主義。

曇花一現的「戊戌變法」，歷史影響雖不小，但其本身的成就一點也沒有。康有為提出的新政根本沒有提到改變農民的經濟生活，更是根本沒有消除封建專制政治的用意。雖然他主張廢除科舉，這是觸犯了官僚主義的，但是並沒有提出甚麼立即改革當時腐敗到極點的官僚機構的有效辦法。

由此可見，這些變法運動，其實說不上是改革，而只是改良，是從統治者立場上，特別是從封建國家的最高統治者立場上提出的改良政策，把對於下層人民的剝

削方法和統治政策做某一些改變，以求達到穩定既存的統治秩序，維持和鞏固統治者地位的目的。

雖不是徹底的改革，但若認真執行，也未始不能收到一些預期的改良效果吧，也未始不能對統治者垂危的生命挽救於一時吧。

但是他們不能夠認真執行這種改良辦法。

一方面，像這樣的在基本上為統治者打算的變法自然不能使下層人民感到滿意。縱然一時在人民中造成一些幻想，但是當人民發現他們仍舊是在被勒索、被壓榨，他們對於變法自然失掉了興趣，而當加在他們身上的勒索和壓榨，在新的法規下日益增加的時候，他們的憤恨也更增加了。── 史書中所載在王莽、王安石新政實行時，下層人民中怨言已盛起，那並不全是反對者所捏造的。既不是真正為了人民，自然得不到人民的支持。

另一方面，更重要的是這種變法運動，在上層社會統治中也行不通。因為這雖然是為整個統治者地位打算，但統治者集團中的每個人卻都是死死看着個人的眼前利益的。王莽想限制土地的兼併，王安石也想取消大地主不納賦稅的權利，他們又都想限制商業資本和高利

貸的剝削，這些正是觸犯了官僚大地主富豪的眼前利益的。他們要把這些有權勢的私家所得的利益集中在政府手裏，這更引起了憤慨和反對。既然變法運動本不敢和現存的統治集團對立，因此一遇到這方面來的反對，就只得讓步了。

而且縱使不讓步取消，變法運動也進行不下去。因為既然沒有剷除官僚機構，並且要依靠這官僚機構，而官僚機構正是為地主富豪勢力所支配的，它決不會來認真執行損害自己利益的政策。一件件的新法，通過官僚機構，或者只是虛應故事，一點沒有實行，或者在實行中，反而給官僚們增加了營私舞弊、中飽謀利的機會。後人批評王安石不善於用人，用了許多奸邪小人來行新法，以致失敗。這其實並不是能否用人的問題，而是因為他不能脫離舊官僚機構。這官僚機構中多數人直接反對他攻擊他，使他失敗，而有些企圖乘機鑽營，投機取巧的官僚就來附和新政，使新政所企圖的一點改良作用也完全看不見，結果也是使他失敗。

為了挽救危局，從統治集團中自動提出的改革辦法，最高限度只是這種改良政策。但縱使是這種改良政策，他們也不敢認真執行，不能認真執行。他們自己扼

殺了自己所提出的改良政策。他們沒有能力來挽救自己。當改良政策宣告失敗後，他們在實際上所走的道路就只能是坐看危機的增加，一切守舊不變。

三、在不變中坐候末日

守舊不變是滲透在封建專制主義的統治集團中的一般的精神。他們用守舊不變的方針來對抗下層人民的反叛，對抗客觀形勢的變動，對抗在自己集團內部輕言改變的「叛徒」。

一切按照老辦法來做，一切按照「祖宗成規」進行，一切保持從來襲用的傳統規矩 —— 這被認為最妥當不過的事。固然封建時代的下層人民因為受着愚民政策的欺蒙，因為過着落後的經濟生活，其行動與意識也常是保守的、守舊的，但是對於下層人民，維持現狀就是繼續受苦受難的意思，而對於上層統治社會，守舊不變卻意味着繼續保持和鞏固自己的特權。所以從下層人民中終於要爆發出打破現狀的行動，而上層社會卻到死也要堅持守舊不變的方針。

現狀縱然已經十分殘敗，但在這殘敗的現狀中，他們還能享受富貴尊榮。他們拒絕任何一點變動，他們生

怕那一點變動會把他們帶到不可測的前途去。

封建專制主義的統治機構正是為了達成維持現狀、守舊不變的目的而組織起來的。—— 那就是我們曾談過的官僚制度的基本精神。

孫中山先生曾說，我們要做大事，不要做大官。這話是針對官僚制度而言的。官僚的特性就是只做官，不做事。所謂不做事並非真的甚麼事不做，而是讓一切都按照老規矩進行。隨便舉一個例，像東漢晚年有個人，叫做胡廣，接連在六個皇帝手下做了二十年大官，但一點政績也沒有。民間傳誦道：「萬事不理問伯始（伯始是胡廣的字），天下中庸有胡公。」這就是一個典型的不做事的官。但這時卻正是天下動亂、東漢衰亡的前夕。

在這樣的統治集團中，變法運動雖不過是極有限度的改良主義，但也很要有些勇氣才能提出。所以對王安石這樣的人，我們仍不能不表示敬意。北宋的統治集團中是充滿了因循怕事的官僚的。譬如在真宗時的宰相王旦，號稱局量寬大，從不發怒，對任何政事，都力求避免招怨。這樣的人當然不會做甚麼改革事業，然而他在當時卻被頌為賢相。反對王安石的守舊派中有呂公著其人，是有名的「口不談是非」的人，也做到宰相。對於

一切事不作是非判別，其實就是承認現狀是最好、最合理，因此，在實際上他是站在革新派的反對陣營內的。

宋朝選拔官員一向總是選所謂老成穩健之士，所以朝廷中就充滿了鬚髮蒼蒼、暮氣沉沉的人，兩眼只看過去，遇事但求守舊，他們自己力求不做事，不惹是生非，而一看見有人出來稍微有些改革的主張，就羣起而攻之。這情形固不僅宋朝如此。梁啟超在清末，曾以生動的筆調描寫當時守舊腐敗的官僚集團，他說，這些老朽的官僚，「積其數十年之八股、白摺、當差、捱俸、手本、唱喏、磕頭、請安，千辛萬苦，千苦萬辛，乃始得此紅頂花翎之服色、中堂大人之名號，乃出其全副精神，竭其畢生力量，以保持之，如彼乞兒，拾金一錠，雖轟雷盤旋其頂上，而兩手猶緊抱其荷包，他事非所顧也，非所知也，非所聞也」。

用乞兒拾到金子，死命堅持不放的譬喻來說明封建統治者的守舊，是很適合的。宋朝從開國以來，國勢就在不安振盪中，清末更是亡國慘禍迫在眉睫之時。對於統治者，這都是「轟雷盤旋其頂上」的危險時候，也就是他們手中的「金子」隨時可能失掉的時候。然而越是在這樣的時候，因為他們心裏懼怕，所以就越是要選擇

所謂「老成持重」的人來做政治人物，以求苟延現狀，而排斥任何敢於輕言改革的人。

不僅那種牽涉範圍較廣的變法運動會在統治集團中引起普遍的憤怒，就是任何一點小事，也不是可以輕易更動的。試看清末上層社會中的守舊勢力是如何頑強地排斥任何新的事物，他們反對使用洋槍，反對開工廠，反對談「西學」，反對與外國建立外交關係，認為這一切都是「於古無據」、「破壞祖宗法制」的。封建統治者愈是到了面臨崩潰危機時，愈是害怕變動，「杯弓蛇影」，最無關重要的變動也會使他們心驚肉跳。

由此可見，封建統治者的守舊不變，並不是因為他強，恰恰相反，是因為他腐敗無能，因為他常常處於內憂外患交迫的不穩定狀態之中。

但歷史上也有些事實，似乎可以證明封建統治者並不是絕對不能主動地實行變制。譬如關於選官制度，我們曾談到由薦舉徵辟制變為科舉考試制；關於賦稅制度，我們曾談到由租庸調制變為兩稅制；關於軍隊制度，也有「府兵」、「禁軍」、「衛所」這種種變動。這些都是由統治者自動造成的變革。—— 不過我們同時也看到了，這些變動不過是形式上的變動，對於事情的實

質是沒有甚麼改革的。

而且這種種局部的制度上的變動，也還是在客觀形勢逼迫統治者到萬不得已時才實行的。薦舉制發展為魏晉時的「九品中正」，只有貴族世家才能做官，到了唐初，經過許多變亂，舊貴族勢力衰退，無力控制局面，上層社會中湧現了許多新的力量。這時舊制度事實上已不能繼存，所以非有新制度產生不可。其他制度改變也是如此。在「租庸調制」實際上已經崩壞的時候，才有「兩稅制」之創行；在「府兵制」事實上已經不存在的時候，地方軍閥各擁私軍，中央也不得不建立新軍，於是統治者也就只好承認這新制度。所以這一切制度變動，與其說是有意識的改良辦法，無寧說是一種補苴彌縫的手段。

但在現狀已經殘破的時候，用補苴彌縫的手段也是維持不下去的。唐朝在安史之亂後，租庸調制、府兵制都崩壞了，因為統治力還沒有完全瓦解，所以還能在政治、軍事、財政各方面找到些新辦法，力求彌縫，暫度難關。彌縫的結果不過是使唐政權在風雨飄搖當中多拖了一個時期。而當一個政權到了最後垂危的時候，那就連補苴彌縫的能力也沒有了，只好死死抱着老辦法，坐

等滅亡。我們以前曾談到南宋、南明這種在外寇前「偏安」的小朝廷,是最顯著地表現了坐以待斃的情境的。

四、歷史不會回頭

守舊不變的政策壓制不了在激蕩變動着的客觀形勢。縱然表面上還能一時苟安殘局,但實際上,一切變動在暗中醞釀發展,終於要爆發出來,一旦爆發,便來得更加猛烈了。

守舊不變的政策使封建專制統治者所遭遇到的困難和危機日益加深,同時就使它的主觀的力量不斷削弱,統治集團內部的意志和力量更加不能統一,內部的矛盾和糾紛更加擴大。

改良主義的變法運動在守舊的勢力下被扼殺,不但未收改良的效果,反而增加統治集團內部的紊亂。在每一個朝代將滅亡之前,並不都有變法運動(有時連敢於提出改良政策的人都沒有),卻總是有紛紛擾擾的政爭。這些政爭中常常並沒有政治主張上的明顯差別,卻只標榜着道德上「小人」「君子」之爭,實際上是帶着抱私怨、逞私見、營私利的色彩。他們眼看危機在前,張惶失措,不知如何是好,只以互相攻訐推諉責任。他們抱

渾水摸魚的打算，乘變亂日迫的局面，趕快多給自己扒進私利。北宋的政爭，起初還是政策上的新派和舊派之爭，隨後也變成官僚集團中的混鬥。在東漢末年，唐末年，明末年，也都發生過黨爭，皇室、太監、官僚、士大夫都參加在內，每次擾攘數十年之久，一直到這些朝代滅亡時才歇。這裏不必來細說，也不必來分別這些政爭中的是非清濁。固然其中有些人可說是比較正直的，有些人只是邪惡小人，但就是所謂正直君子也只是在紛亂時局中惟求維持現狀，提不出改革改良辦法的人。論者多以為這種黨爭是促成朝代衰亡的原因之一，其實這是封建統治集團面臨絕境無出路，一心想守舊不變，但又失掉自信的時候，內部渙散混亂的表現而已。

統治者想維持整個秩序不變，但就是他自己內部的秩序也維持不了。結果自然逃不了滅亡的命運。或者是異族大舉入侵，或者是農民武裝大舉起義，或者二者同時交錯着發生。—— 他自己不願意變，不能變，客觀形勢、人民力量就變掉了他。

但是在這兩千年中，變動無論怎樣激烈，究竟沒有根本結束封建專制時代。經過每一次野蠻部族大破壞或農民革命大掃蕩後，再建起來的仍舊是封建專制主義的

社會秩序。舊的皇室、貴族、官僚、地主跌下去了，新的皇室、貴族、官僚、地主又在同樣的政治經濟基礎上站了起來。還有些官僚地主雖經變亂，仍能隨機應變，繼續享着特權地位。

到了清末，卻真正遇到空前大變的形勢了。

清末人常說，他們所面對着的是二千年來或四千年來從未有過的大變。—— 這話是對的，雖然他們並不了解這變局的性質和意義。

清末遇到了從海上來的西方侵略力量，這和歷史上任何時期的異族侵略不同。他們用大炮轟開了這古老帝國的門戶後，更挾着資本主義生產的優勢經濟力量湧入。他們起初輸入大量商品 —— 從鴉片到棉布，後來（1900 年後）更輸入資本在中國購原料、辦工廠。受着這種刺激，中國人自己也有投資辦工業的了。無論守舊者如何反對，機器、鐵路、工廠這些從來沒有過的新東西，陸陸續續地出現在中國大地上了。這樣，資本主義的經濟就在中國開始發生，雖然是非常緩慢地生長。

由此，立即造成兩種結果：

一方面，資本主義的廉價的工業製造品輸入農村，農民的手工副業受到打擊，自給自足的小農經濟開始被

破壞了。農民所受到的剝削加重，農民的苦難加深。農村經濟加速度地崩潰，這樣就使封建專制主義自下而上的基礎更加動搖了。

另一方面，資本主義的經濟是反對封建專制主義的物質力量。在這基礎上，產生了反對舊政治的新的社會力量。現在革命力量中，不只是農民而且漸漸有新興的資產者和工人了。民主主義的政治文化思想從西方傳來，傳播在民間，更使新的革命力量擴大加強。

正是在新情勢的醞釀期間，發生了太平天國，又發生了「戊戌變法」。這一次從下到上的農民革命運動和一次從上到下的上層社會改良運動雖然都失敗了，但從此以後，在人民中反抗封建專制主義的鬥爭日益成熟。「戊戌變法」的教訓使人覺悟到，希望統治者自動改良是無效的。最激進的分子團結在孫中山先生的周圍，提出了民主革命的主張，他們繼承了太平天國的傳統而更向前進了。

封建專制統治者仍舊堅持守舊不變的方針作最後的掙扎。他撲滅了太平天國，扼殺了「戊戌變法」，全力壓抑革命運動。他採取了「寧贈友邦，不與家奴」的政策，對於外來侵略者無恥地屈膝讓步，一意企圖對內維持舊

有的統治秩序。當他看到大勢已去、萬難挽回的時候，最後一著棋就是宣佈施行「君主立憲」。在清朝的最後七八年間，屢次宣佈定期實行立憲，甚至還頒佈了「憲法大綱」，但在這憲法上規定的卻是：「大清皇帝統治大清帝國，萬世一系，永久尊戴」，「君上神聖尊嚴，不可侵犯。」……到了這時候，他居然還在重溫自秦始皇以來一切專制獨夫所做的「萬世一系」的幻夢！很顯然的，這不過是假借立憲之名，欺世騙人，實際上是想繼續一成不變地維持原來的專制制度，且使之得到合法的根據。

清朝終於被推翻，最後一個封建專制主義天朝在歷史上消失了。—歷史又一度證明了統治者無論用怎樣頑強的努力來守舊不變，但客觀的形勢、人民的力量終究會變掉了他。

這的確是從古未有過的大變。從此以後，任何想重新恢復封建專制時代的社會秩序和政治制度的企圖都抬不起頭來了。歷史的車頭轟轟隆隆地前進，把舊的時代撇在後面，產生了新的事物，出現了新的情勢，提出了新的問題，向着民主化、現代化的前途猛進。這是誰也違拗不了的前進的主潮，一切眼光向後看，留戀舊的時代，走着倒退的路的力量都不能不被輾碎在歷史的

車輪下面。

但同時，我們也要看到，封建專制時代經歷過那樣長的期間，積蓄了那樣深厚的傳統，要把它整個埋葬掉，並不是很容易的事。一個人死了，固然並不會有鬼魂，但一個歷史時代死了，它的鬼魂卻還會繼續活着，給新的時代以騷擾破壞的。這「鬼魂」卻並不是不可捉摸的精靈，而是實際社會中的存在。

我們看到，封建農村經濟固然在近百年受到了嚴重的破壞，但是個體勞動小農經濟沒有改變，農民所受的超度的封建剝削沒有改變，這豈不正是舊時代的鬼魂還能繼續生存活動的社會基礎麼？我們看到，民國成立以後，還有袁世凱稱帝，還有北洋軍閥官僚把持政治，禍國殃民⋯⋯這些豈不正是舊時代的鬼魂的代表麼？直到現在，在抗戰期間，受敵人指使，聚集在南京、北平的大小漢奸中，我們也可以分明地看出，舊時代的鬼魂依附在他們的精神和行動上⋯⋯

死去的鬼魂繼續拖累着、妨礙著生人的道路，這是不容忽視的一件事。但這究竟只是鬼魂。袁世凱和北洋軍閥官僚很快地一個個被消滅了，抗戰中的這些背叛民族、荼毒人民的漢奸黑暗勢力，到現在也已經受到最後

的裁判了。鬼魂不能復活，歷史不能回頭，這又是確定無疑的事。

人民的力量要使歷史的車頭更加緊速率地轟轟隆隆地前進。讓應該死的和自找死路的趕快死去，讓新的生命更無阻礙地成長起來。抗戰就是這樣的一個偉大的事業。經過這次抗戰，我們將不只是擊敗一個民族敵人 —— 這是有史以來，中國民族所遇到的最兇狠殘暴的侵略者，而且要為真正的現代化民主化的新中國奠立基礎。在這中間，舊時代所殘留下來的一切鬼魂必定要肅清，一切遺毒必定要拔盡，一切老問題必定要作最後的清算。 —— 這也正是我們來回顧這兩千年來封建專制時代的歷史的緣故。

作者簡介

生於江蘇蘇州，原名項志逖，筆名蒲韌、卜人、李念青、沈友谷等。歷任人民出版社社長、政務院出版總處黨組書記、中央中共宣傳部秘書長、國務院政治研究室副主任、中共中央黨史研究室主

胡繩（1918 — 2000）

任、中國社會科學院院長、全國政協副主席等職，並負責起草了《關於建國以來黨的若干歷史問題的決議》和新《中華人民共和國憲法》。著作有《二千年間》、《從鴉片戰爭到五四運動》、《帝國主義與中國政治》、《中國共產黨的七十年》等。